계명인성교육총서 · 1

Global Citizenship

대학생을 위한 글로벌 시티즌십

WorkBook

개정판

이름 : ____________________

학과 : ____________________

학번 : ____________________

Keimyung
Global Citizenship Workbook

계명 글로벌 시티즌십 워크북

글로벌시티즌십 구성

21세기 인재상의 하나는 인성이다. 이 때문에 대학교육에서 인성은 핵심 교육지표가 되어 왔다. 실제로 여러 대학에서는 '인성을 갖춘 인재 육성'의 필요성을 인식하고, 인성교육을 대학 교육지표로 설정하고, 수반된 인성교육들을 해 오고 있다(고기홍, 2019). 계명대학교에서도 인성교육 교과인 '글로벌시티즌십'을 개설하여 인성을 갖춘 인재를 육성하고 있다. 글로벌시티즌십 교과의 구성, 즉 글로벌시티즌십 교과의 목적, 목표, 내용은 아래와 같다.

1. 글로벌시티즌십 목적

글로벌시티즌십 교과의 목적은 '인성을 갖춘 인재를 육성하는 것'이다. 이를 통해 대학생들의 자기실현을 조력하고, 더 나아가 사회 발전에 기여하는 것이다.

2. 글로벌시티즌십 목표

인성은 '개인의 인간적 성숙함'이라는 의미도 있지만 동시에 '인간관계에서의 성숙한 개인', 더 나아가 '성숙한 민주사회구성원으로서의 성숙한 개인'이라는 의미도 가지고 있다(고기홍, 2019). 이를 토대로 글로벌시티즌십 교과에서는 교육목표를 '나와 자기성장, 우리와 인간관계, 세계와 민주시민 또는 세계시민'으로 구분하여 아래와 같이 구성하였다.

1) 나와 자기성장 관련 목표
나와 자기성장과 관련된 교육목표는 자기관리 능력을 형성하는 것, 즉 성숙하고 품격있는 행동에 대한 지식, 능력, 습관을 형성하는 것이다.

2) 우리와 인간관계 관련 목표
우리와 인간관계와 관련된 교육목표는 인간관계 능력을 형성하는 것, 즉 더불어 살아가는데 필요한 성숙하고 품격있는 의사소통에 대한 지식, 능력, 습관을 형성하는 것이다.

3) 세계와 민주시민 또는 세계시민 관련 목표
세계와 민주시민 또는 세계시민과 관련된 교육목표는 민주시민 또는 세계시민 역할 수행 능력을 형성하는 것, 즉 공존 공생 공영해 나가는데 필요한 민주시민 또는 세계시민 역할 수행에 대한 지식, 능력, 습관을 형성하는 것이다.

3. 글로벌시티즌십 내용구성

글로벌시티즌십 교과의 교육내용은 나와 자기성장, 우리와 인간관계, 세계와 민주시민 또는 세계시민으로 구분하여 아래와 같이 구성하였다.

1) 나와 자기성장 관련 교육내용

글로벌시티즌십 교과의 교육내용들 중에서 '나와 자기성장'과 관련된 교육내용은 아래와 같다.

- 나 이런 사람이야
- 나를 찾아서
- 나의 비전을 펼쳐라
- 도전을 통해 성장하라

2) 우리와 인간관계 관련 교육내용

글로벌시티즌십 교과의 교육내용들 중에서 '우리와 인간관계'와 관련된 교육내용은 아래와 같다.

- 내 손을 잡아봐
- 진실의 길, 나 전달법
- 소통의 길, 공감
- 글로벌 역지사지
- 타인의 보물찾기

3) 세계와 민주시민 또는 세계시민 관련 교육내용

글로벌시티즌십 교과의 교육내용들 중에서 '세계와 민주시민 또는 세계시민'과 관련된 교육내용은 아래와 같다.

- 세계인권선언문 새겨 읽기
- 세계시민의 정치적 자유와 난민 문제의 이해
- 다양한 나라 여행, 다양한 나라 문화
- 글로벌 친구 맺기
- 우리 학교 외국인 동문 인터뷰하기
- 글로벌 이슈의 대안 찾기

Keimyung
Global Citizenship Workbook

계명 글로벌 시티즌십 워크북

글로벌시티즌십의 장별 구성

장	주제
1	오리엔테이션
2	나 이런 사람이야
3	나를 찾아서
4	나의 비전을 펼쳐라
5	도전을 통해 성장하라
6	내 손을 잡아봐
7	진실의 길, 나 전달법
8	소통의 길, 공감
9	글로벌 역지사지
10	세계인권선언문 새겨 읽기
11	세계시민의 정치적 자유와 난민 문제의 이해
12	다양한 나라 여행, 다양한 나라 문화
13	글로벌 친구 맺기
14	우리 학교 외국인 동문 인터뷰하기
15	글로벌 이슈의 대안 찾기
16	타인의 보물찾기
17	소감문 쓰기

Global Citizenship

대학생을 위한 **글로벌 시티즌십**

WorkBook

Keimyung Global Citizenship Workbook

계명 글로벌 시티즌십 워크북

01

오리엔테이션

01 오리엔테이션

1) 수업 목표

- 글로벌시티즌십 교과의 필요성을 설명할 수 있다.
- 세계시민의 정의를 설명할 수 있다.
- 인성교육의 필요성을 기술할 수 있다.

2) 수업 진행 과정

① 도입

- '강의주제, 목표, 내용과 진행과정'을 이해한다.
- 교수 소개 및 수강생들의 간략한 자기소개를 한다.

② 전개

- 글로벌시티즌십 교과의 의의 및 개요(세계시민, 인성교육)를 듣는다.
- '하나의 세상, 하나의 마음' 영상을 시청하며 〈자료 1-1〉의 내용을 메모하고 발표 한다.
- 구체적으로 세계시민을 정의한다.
- 글로벌시티즌십 교과의 단계, 장별 주제, 그리고 진행과정을 이해한다.
- 〈자료 1-3〉 강의계획서 퀴즈 대회를 활용하여 교육목표, 교수방법, 수업진행, 평가방법 등에 관한 문제를 풀어본 후, 답을 확인한다.

③ 평가 및 마무리

- '오리엔테이션' 활동에 대한 소감을 나눈다.
- 강의와 관련하여 궁금하거나 알고 싶은 내용에 대해 질의 응답한다.

3) 읽기 자료

- 세계시민은 세계민과 같은 말로 세계를 구성하는 개체로서의 시민이며 세계의 모든 인류는 평등하다는 입장과 세계는 한 나라이며, 세계 인류는 한 나라의 국민이라는 견해에서 나온 말이다(국립국어원, 2019). 즉, 세계시민은 세계를 하나의 나라로 보고 어느 특정한 나라의 국적에서 벗어나 전체 세계 인류의 구성원으로서의 시민이라 할 수 있다(고려대한국어대사전, 2019). 따라서 세계시민은 지구촌 문제를 자신의 일처럼 생각하고 행동하는 사람이라고 할 수 있다.
- 인성교육이란 자신의 내면을 바르고 건전하게 가꾸고 타인 · 공동체 · 자연과 더불어 살아가는 데 필요한 인간다운 성품과 역량을 기르는 것을 목적으로 하는 교육을 말한다(인성교육진흥법, 2조).
- 신문, 뉴스 또는 인터넷에서 쉽게 접할 수 있는 다양한 사건, 사고를 보면 우리 사회의 가장 큰 문제는 인성의 문제로 귀결될 수 있다. 인성의 사전적 정의를 살펴보면, 사람의 성품, 다른 사람과 구별되는 사고와 태도 및 행동의 특성으로 나오며 유사한 용어로 인간성, 인격 등이 있다. 이처럼 정의되는 인성이라는 것이 교육을 통해 향상되거나 함양될 수 있는 것인가에 대한 논란도 있어왔다. 특히 인성을 타고나는 것으로 본다면 교육의 필요성은 무색해지지만 후천적인 학습의 영향 또는 상호작용적인 관점에서 본다면 인성교육은 반드시 필요하다. 어려서부터 교육의 부재로 생긴 문제를 해결하기 위해서라도 교육은 필요하다고 본다.
- 인성교육의 방법은 개념 정의만큼 다양할 수 있으나 실천이나 경험 중심의 교육이 반드시 병행되어야 한다. 아는 것에서 그치는 것이 아니라 실천하고 행동하게 함으로써 생활 속에 자연스레 표출되고 몸에 베일 수 있도록 하는 것이 중요하다.

[자료 1-1]

'하나의 세상, 하나의 마음' 영상에서 찾아보기

세계시민이란?	
지구촌이란?	
세계의 다양한 문제의 예는?	

[자료 1-2]

글로벌시티즌십의 장별 구성

장	주제
1	오리엔테이션
2	나 이런 사람이야
3	나를 찾아서
4	나의 비전을 펼쳐라
5	도전을 통해 성장하라
6	내 손을 잡아봐
7	진실의 길, 나 전달법
8	소통의 길, 공감
9	글로벌 역지사지
10	세계인권선언문 새겨 읽기
11	세계시민의 정치적 자유와 난민 문제의 이해
12	다양한 나라 여행, 다양한 나라 문화
13	글로벌 친구 맺기
14	우리 학교 외국인 동문 인터뷰하기
15	글로벌 이슈의 대안 찾기
16	타인의 보물찾기
17	소감문 쓰기

[자료 1-3]

글로벌시티즌십 강의계획서 퀴즈 대회

문제	정답	확인
글로벌시티즌십은 공통교양이다. (0, X)		
글로벌시티즌십은 인성함양 영역 교과목이다. (0, X)		
글로벌시티즌십 평가요소 중에서 수업참여의 비중은?		
글로벌시티즌십의 교육 목표는?		
글로벌시티즌십은 ( ) 중심의 수업이다.		
글로벌시티즌십의 교재는?		
〈 문제를 출제해 보세요. 〉		
〈 문제를 출제해 보세요. 〉		

Keimyung Global Citizenship Workbook

계명 글로벌 시티즌십 워크북

02

나 이런 사람이야!

02 나 이런 사람이야!

1) 수업 목표

- 무엇을 통해 '나는 이런 사람이야'라고 말할 수 있는지를 성찰한다.
- 자신이 어떤 특징을 가지고 있는지 구체적으로 확인해 보고 정리한다.
- 자신이 어떤 사람인지 자기만의 특징으로 자신을 설명한다.
- 첫인상이 얼마나 중요한지 이해한다.
- 자신을 당당하게 소개하는 태도 역시 중요하다는 것을 이해한다.

2) 진행 과정

① 도입

- 강의주제, 목표, 내용과 진행과정에 대해 이해한다.
- 분반이 여러 학과로 구성되었고, 또 함께 활동하며 진행하는 수업 특성에 따라 자기소개가 필요하다는 점을 전제하고, 1차로 개인별 자신을 소개한다.
- 1차의 자기소개 과정에서 각자의 소개 내용이나 태도가 얼마나 제한적인지와 함께, 자기소개와 자기가 어떤 사람인지에 대한 성찰, 그리고 첫인상과의 관련성을 연결해 이해한다.
- 자기소개는 곧 자기이해와 관련되어 있어서, 자신을 잘 소개하기 위해서는 깊은 자기성찰과 함께 자기이해가 필요하다는 점을 이해한다.

② 전개

- 특별하면서도 세련된, 자신을 충분하게 보여주고 소개할 뿐만 아니라, 좋은 첫인상을 만들 수 있는 소개를 위해 자신과 관련된 키워드를 정리한다.
- 〈자료 2-1〉 자신의 특징 찾기를 작성하며 자신이 어떤 사람인지 성찰한다.
- 눈으로 확인할 수 있는 신체나 행동 등의 특징 3가지 이상을 제시한다.
- 눈으로 확인되지 않는 성격이나 의지 등의 특징 3가지 이상을 제시한다.
- 자신이 좋아하고 싫어하는 것 등의 특징 3가지 이상을 찾아 제시한다.
- 나열된 단어들을 정리 분류하여 자신이 어떤 사람인지, 자신을 소개하는 내용을 구성하고, 자신을 소개하는 글을 〈자료 2-2〉에 작성한다.

③ **평가 및 마무리**

- 각자 준비한 자신을 소개하는 글을 토대로, 다시 한 번 고상하고 세련되면서도 당당하게 자신을 소개한다.
- 다른 학우들은 어떻게 자신을 소개하고, 또 어떤 태도를 보여주는지, 학우들의 소개에서도 자신을 돌아보며 배운다.
- 학우들이 제시하고 있는 특징을 자신에게서 찾을 수 있는지 되돌아보며 성찰한다.
- 어떤 학우의 소개가 가장 인상적이며 좋은 첫인상을 주는 자기소개였는지, 왜 인상적인지를 정리해 〈자료 2-3〉을 작성한다.
- 학우들의 자기소개에서 배운 점과 함께 자신의 소개 글에서 어떤 부분을 수정 보완할 수 있는지 살펴보고 수정한다.
- 특별한 자기소개 외에 좋은 첫인상이나 인상을 남기는 방법을 찾아본다.

---

3) 읽기 자료

- 아무런 계기 없이 자신이 어떤 사람인지를 찾아가기란 쉽지 않다는 점에서, '자기소개' 활동을 매개로 자신을 성찰하고 자기 자신을 이해한다.
- 특히 대학에 입학한 신입생은 다양한 새로운 인간관계를 접하게 되며, 그 속에서 자신이 누구이며 어떤 사람인지를 소개하게 된다.
- 일반적으로 자신을 소개하는 내용이나 방식은 학번이나 학과 전공 등을 설명하는 형태가 대부분이며, 이것은 자신에 대한 충분한 소개라고 할 수 없다.
- 이제 자신을 충분히 소개하고 또 그것을 통해 좋은 인간관계를 맺기 위한 노력이 필요하며, 그것은 자신이 어떤 사람인지를 충분히 성찰하는 데서 시작된다.
- 또한 처음 만난 사람 앞에서 자신을 어떻게 소개하고, 또 어떤 태도를 보여주는지는 첫인상 형성에 결정적으로 작용하며, 첫인상은 타인과의 관계뿐만 아니라 자신과 상대를 변화시키는 역할도 수행한다.
- 첫인상이란 처음 만난 사람에게서 얻은 정보를 짧은 시간에 정리하여 각인한 이미지로, 개인에 대한 주관적인 정보이면서 인간관계의 첫걸음이자 중요한 토대가 된다. 단 1회에 만들어진 첫인상을 변화시키기 위해서는 60회 이상의 접촉이 필요한 것으로 알려져 있다. 이처럼 첫인상은 사회적 상호작용의 시작이며 결정 요인으로, 지속적인 상호작용 여부를 결정하는 요소이기도 하다.
- 상대에게 좋은 첫인상을 줄 수 있을 때, 상대와의 좋은 관계도 담보되며, 많은 사람과 좋은 관계를 맺을 수 있을 때, 좋은 삶의 가능성도 함께 확대 된다는 점에서 첫인상은 삶을 변화시키는 힘과 깊은 관련성을 가진다.
- 자신이 누구이며 어떤 사람인지에 대한 깊은 성찰은 좋은 첫인상의 주요 요소 가운데 하나인 자기소개의 중요한 토대를 제공할 뿐만 아니라, 좋은 인간관계를 기반으로 자신의 삶을 살아가는 첫걸음이 된다.

[자료 2-1]

자신의 특징 찾기

①눈에 보이는 특징	① ② ③
②눈에 보이지 않는 특징	① ② ③
③좋아하는 것	① ② ③
④싫어하는 것	① ② ③

[자료 2-2]

자신을 소개하는 글쓰기(300자 이상)

앞의 특징을 반영해 자신을 소개하는 글쓰기	
키워드	
내용	

[자료 2-3]

인상적인 자기소개 찾기

이름	인상적인 내용
	① ② ③
	① ② ③
	① ② ③

[자료 2-4]

이 활동에서 느낀 점을 정리해 보자.

Keimyung Global Citizenship Workbook

계명 글로벌 시티즌십 워크북

03

나를 찾아서

03 나를 찾아서

1) 수업 목표

- 자신의 정체감 발달단계와 발달과제를 이해할 수 있다.
- 가치 우선순위와 삶의 개념들에 대해 자기 생각을 설명할 수 있다.
- 자기 이해 자료를 토대로 삶의 목표 설정에 활용할 수 있다.

2) 수업 진행 과정

① 도입

- 3장의 강의주제, 목표, 내용과 진행 과정에 대해 안내한다.
- 2장에서 활동한 내용이 자기 이해를 위하는 기본과정임을 설명한다.
- 자기 이해의 중요성을 강조한다.
- 자아정체성의 개념과 발달단계 및 발달과제를 설명하고, 정체감 확립의 중요성을 설명한다.
- 5~6명 정도로 구성된 조를 편성하고, 조장을 선출하게 한다.

② 전개

- 제시된 〈자료 3-1〉에 인생에서 중요하다고 생각하는 것이 무엇인지를 쓰게 한 후, 조별로 가장 중요하다고 생각하는 것 세 가지를 선정하여 선정된 이유와 함께 발표하게 한다.
- 〈자료 3-2〉에 제시된 자아정체감 평가질문지에 응답 및 채점한 후, 자신의 정체감 발달 정도를 조원들과 공유하게 한다.
- 〈자료 3-3〉에 제시된 삶을 구성하는 개념(사랑, 행복, 우정, 가족, 일, 슬픔, 상처, 추억 등)이 자신에게 어떤 의미인지, 그 이유와 함께 기록한 후, 조원들과 공유하게 한다.

③ 평가 및 마무리

- 전체 활동을 통해 느낀 점을 조별로 한 사람 정도 발표한다.
- 수업과 관련하여 궁금한 내용에 대해 질의 · 응답한다.

3) 읽기 자료

- 자아정체성(self-identity)은 에릭슨(Erikson)에 의해 제안되었고, 자신이 누구이며 사회에서 어떠한 위치에 있는지 등에 관한 개념을 말한다.
- 에릭슨은 발달단계마다 성취해야 하는 발달과업을 서로 대립하는 양극의 개념을 사용하여 설명하였고, 이는 적응 대 부적응 방식의 위기를 통하여 성숙한다고 보았다. 즉 성숙은 점성적 원리에 따라 일어나며, 발달의 각 단계에는 위기가 있고 각 단계에서 긍정적인 것이 차지하는 비율이 더 높을 때 건전한 발달이 이루어진다는 것이다.
- 에릭슨은 인간의 심리·사회적 발달을 여덟 단계로 제시하였고, 각 단계에 해당하는 연령과 해당 시기에 획득되는 주요 덕목은 아래와 같다.
- 〈표3-1〉 에릭슨의 심리사회적 발달단계

연령	적응 대 부적응 방식	덕목
0~1 세	신뢰감 대 불신감	희망
1~3 세	자율성 대 의심 및 수치심	의지
3~5 세	주도성 대 죄책감	목적
6~11세(학령기)	근면성 대 열등감	유능성
12~18세(청소년기)	자아정체감 대 역할 혼돈	충실성
18~35세(성인 초기)	친밀감 대 고립감	사랑
35~55세(중년기)	생산성 대 침체감	배려
55세 이상(노년기)	자아통합 대 절망감	지혜

- 특히 10대 및 20대 초반의 성인들은 개인 정체감을 형성하는 과업에 직면하게 되며, 수많은 가능성과 불분명한 역할(role confusion)의 위기(crisis)를 통해 자신의 위치를 찾는 시기이다. 개인이 정체감 확립을 위해 얼마나 큰 위기를 겪었는가, 또한 정체감 확립을 위해 개인이 실제로 노력을 하였는지에 따라 정체감 지위가 달라진다.
- 마샤(Marcia)가 제시한 정체감 지위는 정체감 혼란(identity diffusion), 정체감 유실(identity foreclosure), 정체감 유예(identity moratorium), 정체감 성취(identity achievement)의 네 가지이다. 그 특징을 살펴보면, 정체감 혼란의 경우, 자신이 처한 상황을 해결하기 위한 노력이나 위기의식이 없는 상태이다. 정체감 유실은 자신의 다른 정체성에 대한 호기심 없이 단지 외부에서 주어지는 목표, 가치 등을 그대로 수용하는 경우이다. 정체감 유예는 자기 정체성에 대한 위기를 느끼면서도 적극적인 개입을 하지 않는 경우이다. 그러나 자신에게 처한 여러 가지 상황을 극복하기 위하여 긍정적으로 해결하고자 노력하는 과정에서 정체감 성취를 경험하게 되고, 이는 높은 수준의 직업적 개입과 진로 발달 수준을 보이기도 한다.

[자료 3-1]

인생에서 가장 중요하다고 생각하는 것

[자료 3-2]

개인정체감 질문지

개인 정체감

에릭슨에 의하면, 십대들과 20대 초반의 성인들은 개인 정체감을 형성하는 과업에 직면한다고 합니다. 발달의 다른 단계에서와 마찬가지로 이러한 위기를 어떻게 잘 해결하느냐가 장래의 성격발달과 적응 패턴을 결정짓는다고 볼 수 있습니다. Ochse와 Plug(1986)은 에릭슨이 제시한 발달의 여덟 단계를 각각 어떻게 성공적으로 밟아 나가는지를 측정할 수 있는 성인용 척도를 개발하였습니다. 정체감형성 대 역할 혼미에 관한 항목들이 아래에 제시되어 있습니다. 다음 보기를 참고하여 각 진술문들을 읽고 해당 번호를 적으시오.

〈보기〉
1 = 전혀 그렇지 않다
2 = 거의 그렇지 않다
3 = 자주 그렇다
4 = 매우 그렇다

1. 내가 진정 어떤 사람인지 궁금하다.	1	2	3	4
2. 사람들의 나에 관한 생각들이 바뀌는 것 같다.	1	2	3	4
3. 내 인생에서 내가 무엇을 해야 할지 확신한다.	1	2	3	4
4. 어떤 것이 도덕적으로 옳고 그른지 불확실하다.	1	2	3	4
5. 내가 어떤 사람인지에 대한 대부분의 사람들의 의견이 비슷하다.	1	2	3	4
6. 내 방식의 삶이 내게 어울린다고 느낀다.	1	2	3	4
7. 다른 사람들은 나의 가치를 인정한다.	1	2	3	4
8. 나를 아주 잘 아는 사람들과 떨어져 있을 때 진정한 나 자신이 되는 자유로움을 더 느낀다.	1	2	3	4
9. 내가 하고 있는 일이 진정 가치 있는 것은 아니라고 느낀다.	1	2	3	4
10. 내가 살고 있는 지역사회에 나는 잘 적응하고 있다.	1	2	3	4

11. 나 자신에 자부심을 느낀다.	1	2	3	4
12. 내가 나를 바라보는 것과 타인이 나를 바라보는 것이 매우 다르다.	1	2	3	4
13. 무시되는 느낌이다.	1	2	3	4
14. 사람들은 나를 인정하지 않는다.	1	2	3	4
15. 삶으로부터 얻고자 하는 것에 대한 생각이 바뀐다.	1	2	3	4
16. 사람들이 나에 대해 어떻게 느끼는지 확실하지 않다	1	2	3	4
17. 내 자신에 대한 느낌이 변한다.	1	2	3	4
18. 마치 연극을 하고 있거나 남들 눈에 띄기 위해 뭔가를 하는 듯한 느낌이 든다.	1	2	3	4
19. 내가 살고 있는 사회의 구성원인 것이 자랑스럽다.	1	2	3	4

채점 방식

점수를 계산하기 위해, 첫 번째로 해야 할 것은 1, 2, 4, 8, 9, 13, 14, 15, 16, 17, 18번 문항에 표시한 점수를 역으로 환산한다, 이를테면, 만약 위의 문항들에 1로 표시했다면 4로, 2는 3으로, 3은 2로, 4는 1로 바꾼다. 나머지 문항은 그대로 두고, 전체 점수를 합산한다.

해석 방식

Ochse 와 Plug(1986)이 남아프리카 공화국의 시민들(15세~60세)을 대상으로 실시한 결과 이 척도의 평균 점수는 56~58이었으며 표준편차는 7~8이었다, 이 평균 범위보다 훨씬 더 높은 점수는 정체감이 잘 발달되어 있다고 볼 수 있으며, 유의미하게 더 낮은 점수 아직 정체감 발달 단계에 있다고 할 수 있다.

※ 출처 : Burger, J. M. (2000). Personality(5th ed). Belmont, CA: Wadsworth/Thomson.

[자료 3-3]

삶을 구성하는 개념들에 대한 나의 생각

나에게 다음 개념들은 어떤 의미인지, 스스로 질문해 보자.

구분	나에게 OO은 _____이다	그렇게 생각하는 이유
우정		
사랑		
가족		
행복		
일		
슬픔		
상처		
추억		

Keimyung Global Citizenship Workbook

계명 글로벌 시티즌십 워크북

04

나의 비전을 펼쳐라

04 나의 비전을 펼쳐라

1) 수업 목표

- 자신의 비전과 목적을 설정할 수 있다.
- 비전과 목적을 성취하기 위한 목표와 그 실행계획을 설정할 수 있다.

2) 수업 진행 과정

① 도입

- '강의주제, 목표, 내용과 진행과정'을 이해한다.
- 모두 일어나 눈을 감고 양팔 벌리고 한 다리로 20초 동안 서 있고, 그 다음 눈을 뜨고 동일한 행동을(20초 동안) 한 후 목표를 보는 것과 보지 않는 것의 차이를 경험한다.

② 전개

- 〈자료 4-1〉'비전과 목표 설정의 중요성'을 작성한 후 조별로 각자의 생각을 나눈다.
- 〈자료 4-2〉'꼭 하고 싶고, 갖고 싶고, 되고 싶은 것 찾아보기'를 작성한다.
- 〈자료 4-3〉'비전(꿈), 목적, 목표 설정하기'를 작성한 후 그 내용을 조 구성원과 공유한다.
- 〈자료4-4〉'만다라트, 연꽃기법 작성하기' 샘플을 통해 작성 방법을 이해하고, 꿈 -목표 - 세부목표의 3단계로 작성한다.

③ 평가 및 마무리

- 오늘 활동을 통해 설정한 비전, 목적, 목표 리스트를 보이는 곳에 붙이고 매일 한 번씩 보면서 생활할 것을 다짐한다.
- 강의와 관련하여 궁금하거나 알고 싶은 내용에 대해 질의 응답한다.

3) 읽기 자료

- 비전, 목적, 목표를 설정하고 구체적 실행계획을 세울 때 우리는 분명한 지도를 지니고 힘 있게 살아갈 수 있다. 자신의 비전, 목적, 목표가 분명할 때 역경 앞에서도 쉽게 포기하지 않고 전략적으로 자신의 에너지를 창조적으로 사용할 수 있게 된다. 무기력함에서 벗어나 의미 있게 자신의 삶을 성장시키기 위해 비전, 목적, 목표 세우기 수업은 인성교육에서 반드시 다루어야 할 핵심 주제이다.
- 비전, 목적, 목표는 나침반, 등대의 불빛, 북두칠성, GPS와 같이 방향을 알려주고 자신의 잠재력과 열정을 끌어내는 원동력으로 작용한다.
- 비전(vision)이란 미래에 도달하기 원하는 상태이며, 꿈이 선명한 이미지, 선명한 목표로 드러난 것이다. 꿈이 이상적으로 표현된 것이라면, 비전은 그 꿈을 눈에 보이듯이 구체적으로 생생하게 그려낸 것이다.
- 목적은 비전에 도달하고자 하는 궁극적 이유이다. 꿈과 비전을 실현하려는 구체적 이유, 즉 목적의식이 부족하면 난관을 이기고 계속 자신의 비전을 이루기가 힘이 든다. 비전을 실현하려는 이유가 개인적 목적을 넘어 보편적 가치를 담고 있을 때 더 힘 있게 자신의 비전을 실현할 수 있다. 목적의식은 개인에게 미션(Mission)으로 주어질 수 있으며, 목적으로서의 미션을 완수할 때 꿈과 비전이 이루어진다. 목표는 비전과 목적을 성취하기 위해 추구해야 할 중간 단계나 실천 수단이다. 목표를 설정할 때는 구체적으로 설정해야 하며 세부 목표로 나누어 추구할 때 실현 가능성이 커진다. 목표에는 특정 결과를 목표로 하는 결과목표와 특정 행위를 목표로 하는 행위목표가 있다.

전체 활동 : 눈을 감고 한쪽 다리 들기, 눈을 뜨고 한쪽 다리 들기 활동

진행 방법

- 모두가 일어나서 가볍게 몸을 흔든다.
- 양팔을 벌리고 한쪽 다리로 선다. 학다리 권법을 취한다.
- 눈을 감는다. 20초 동안 균형을 잡고 선다.
- 20초가 지난 다음 다시 몸을 풀고 학다리 권법 자세를 취한다.
- 이제는 두 눈을 뜨고 양팔을 벌리고 한쪽 다리로 선다. 이번에는 대부분의 사람들이 흔들림 없이 20초 동안 서 있는 것에 성공한다.
- 왜 이런 차이가 일어나는지를 목표설정의 중요성과 연관해 생각한다.

[자료 4-1]

비전과 목표 설정의 중요성

비전(꿈)과 목표가 있고, 없음에 따라 어떤 긍정적, 부정적 변화가 일어날지 적어보자.

[자료 4-2]

꼭 하고 싶고, 갖고 싶고, 되고 싶은 것 찾아보기

꼭 하고 싶은 것, 갖고 싶은 것, 되고 싶은 것 30개 나열하고 그 중 중요하게 원하는 것 10개 밑줄 치기

[자료 4-3]

비전(꿈), 목적, 목표 설정하기

Tip!

비전(꿈)은 미래에 자신이 구체적으로 도달하고자 원하는 상태이며, 목적(미션)은 비전을 성취하고자 하는 본질적 이유와 관련된 것이며, 목표는 미래의 꿈(비전)과 목적을 실현하기 위해 현재 우리가 현실적으로 추구해야 할 것이나 도달해야 할 상태를 의미한다. 맹목적으로 목표만을 추구하는 것이 아니라 그것을 추구하는 목적(이유)과 비전(구체적 최종 상태)까지 설정할 때 더 적극적이고 사명 의식을 지니고 노력할 수 있다.

1. 나의 비전(꿈)?

2. 나의 비전 성취를 위해 내가 목적으로 소중하게 추구해야 할 가치, 사명, 소명을 소개하면?

3. 꿈과 비전을 성취하기 위해 내가 설정한 목표(결과 목표 혹은 행위 목표)는?

[자료 4-4]

당신이 추구하고 싶은 꿈(비전) 한 가지를 제일 중앙에 적고, 다음 단계에서는 그 꿈을 실현하기 위해 도달해야 할 목표 8가지를 적어보고, 그 다음 단계에서는 그 8 가지 목표를 실현할 수 있는 세부 실천 목표 8가지를 작성해보자.

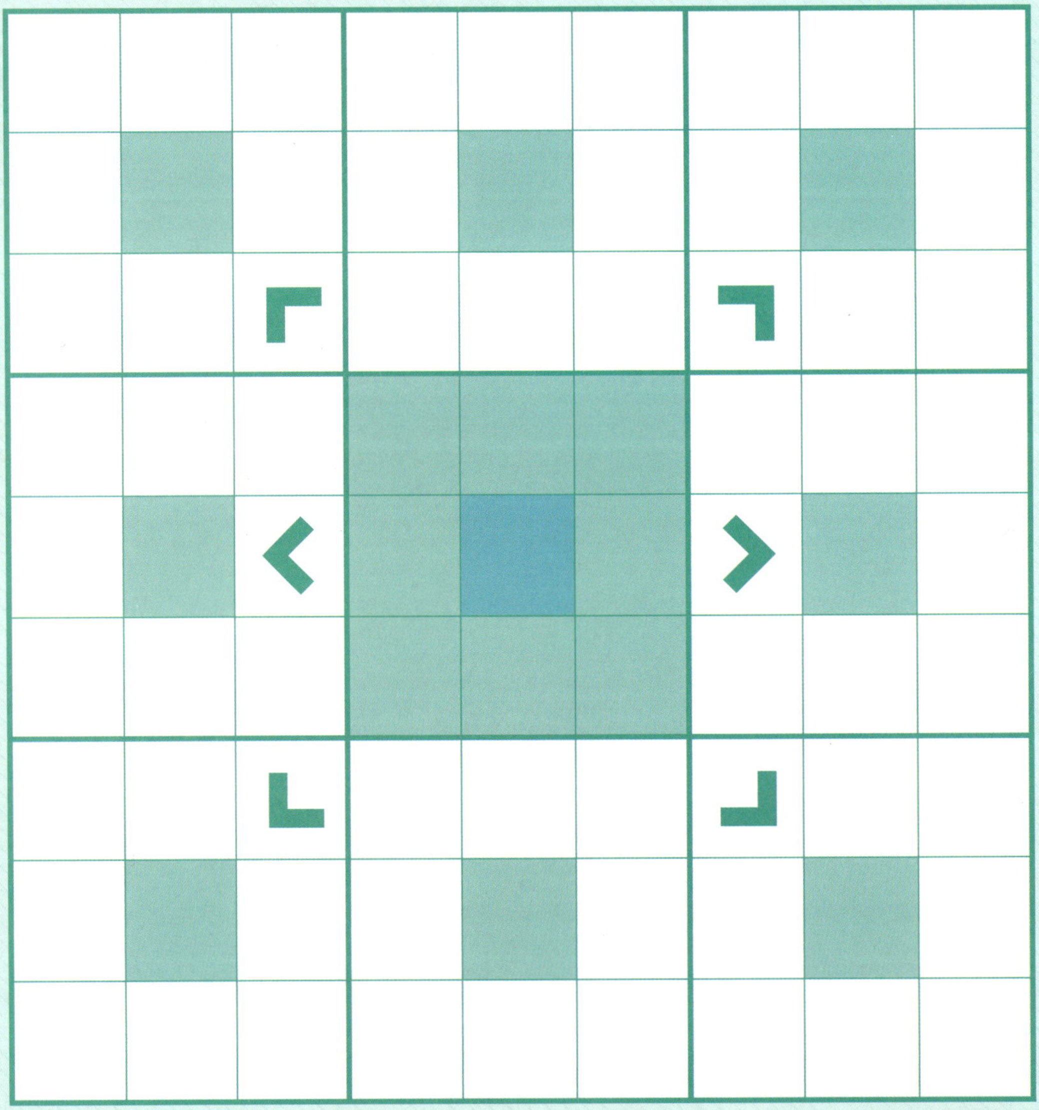

Keimyung Global Citizenship Workbook

계명 글로벌 시티즌십 워크북

05

도전을 통해 성장하라

05 도전을 통해 성장하라

1) 수업 목표

- 도전정신의 중요성을 설명할 수 있다.
- 도전정신이 부족하다는 것은 성장에 꼭 필요한 조건의 부족과도 맞물려 있다는 것을 이해한다.
- 도전 리스트를 직접 작성할 수 있고 생활 속에서 작은 도전부터 실천할 수 있다.

2) 수업 진행 과정

① 도입

- '강의주제, 목표, 내용과 진행 과정'을 이해한다.
- 인생 후반부에 하지 않은 것에 대한 후회가 더 크다는 사실을 이해함으로써 도전정신의 중요성을 안다.
- 도전정신을 강조하는 여러 명언을 알아본다.

② 전개

- 자신의 도전 경험을 찾고 도전 중 배우게 된 점을 제시된 〈자료 5-1〉 '나의 도전 소개하기'에 작성한다.
- 서로의 다양한 도전 경험을 조별로 발표하고 경청함으로써 도전의 다양한 형태를 안다.
- 도전정신을 지닌 사람들의 공통점을 〈자료 5-2〉 '도전하는 사람이 지니고 있는 공통점'에 개별적으로 작성하고 조별 구성원과 그 내용을 공유한다.
- 도전하는 사람이 공통으로 지닌 덕목과 태도를 확인한 후 자신의 부족함이 어떤 것이며 그것을 극복하기 위해 어떤 노력이 필요한지를 생각한다. 그 후 〈자료 5-3〉 '내 도전의 걸림돌과 극복 방안'을 개인적으로 작성하고 그 내용을 조별 구성원과 공유한다.
- 내가 도전하고 싶은 도전 리스트를 〈자료 5-4〉 '도전 리스트 작성하기'에 개인적으로 작성하고 그 내용을 조별 구성원들과 공유한다.

③ **평가 및 마무리**

- 가장 중요한 도전은 자기 자신에 대한 도전이라는 사실을 확인한다.
- 실패가 자원이 될 수 있으며 나침반이 될 수 있다는 사실을 이해하며 실패를 두려워하지 않고 계속 도전하기를 다짐한다.
- 강의와 관련하여 궁금하거나 알고 싶은 내용에 대해 질의 응답한다.

3) 읽기 자료

- 만약 도전정신이 부족하게 되면 우리의 삶은 현실에 순응하는 데 급급하게 되며 주체적이자 자율적인 삶과는 관계없는 삶에 처해진다.
- 도전정신의 중요성은 창조적 삶을 위해서도 강조될 필요가 있다. 창조는 기존의 고정관념, 선입견, 편견에 도전하고 새로운 관점에서 생각하고 새로운 가치를 만들어 낼 때 가능한 것이다. 도전 정신은 고정관념을 타파하고 새로운 관점을 가져오게끔 도와준다는 점에서 창조적 삶에 꼭 필요한 정신이다.
- 새로운 도전은 우리가 무엇을 좋아하고, 잘할 수도 있는지를 새롭게 알게 함으로써 자신에게 새로운 가능성을 열어준다. 이런 점에서 도전은 자기 사랑의 또 다른 실천이라고 말할 수 있다. 도전의 양상은 다양할 수 있으며, 가장 우선적인 도전은 기존의 자기에 대한 도전이다. 자기에 대한 도전는 내 안의 선입견, 고정관념에 대한 도전이어야 하며, 이를 통해 우리는 내 바깥에 대한 도전을 감행할 수 있다.
- 도전정신을 방해하는 중요한 요인으로 실패에 대한 두려움이 큰 몫을 차지한다. 실패를 새롭게 바라보고, 실패를 자기 성장에 창조적으로 활용할 수만 있다면, 지금보다 더 과감하게 도전정신을 발휘할 수 있다. 실패에 대한 선입건 중의 하나가 실패를 곧 패배로 이해한다는 것이다. 실패를 부끄러운 것이자 잊혀야 할 것으로만 잘못 이해한다면, 실패를 성공의 토대로 재활용하지 못하게 된다. 쓰레기도 어떻게 재활용하느냐에 따라 소중한 자원이 되듯이 실패 역시 마찬가지다.
- 실패에도 불필요한 실패가 있고, 가치 있는 실패가 있다. 불필요한 실패는 하지 않아도 될 실패, 다시 말해 기존의 실패를 반성하지 않음으로써 저지르는 동일한 실패가 그 예이다. 이런 불필요한 실패를 반복하는 것은 실패 속에서 배움을 가져오지 못했기 때문이다. 그에 반해 새로운 것을 기획하고, 시도하다가 이루어진 실패는 실패라기보다 더 큰 성공으로 나아가는 새로운 길을 열어줄 가치 있는 실패가 될 수 있다.

[자료 5-1]

나의 도전 소개하기

지금까지 내가 성취감을 느껴본 도전 하나 소개하고, 그때 느끼고 배우게 된 것이 있다면?

[자료 5-2]

도전하는 사람이 지니고 있는 공통점

도전하는 사람이 지니고 있는 공통점 찾기

[자료 5-3]

내 도전의 걸림돌과 극복 방안

나의 도전을 방해하는 걸림돌은 무엇이며 그 걸림돌을 극복하기 위한 나의 해결 방안은?

[자료 5-4]

도전 리스트 작성하기

도전하고 싶은 도전 리스트 작성하고 그 도전을 위해 구체적으로 어떤 세부 실행 노력을 해야 하는지 소개하기(10가지 도전 소개하기)

Keimyung Global Citizenship Workbook

계명 글로벌 시티즌십 워크북

06

내 손을 잡아봐

06 내 손을 잡아봐

1) 수업 목표

- 타인에 대한 신뢰감을 형성할 수 있다.
- 다른 사람의 입장에서 생각하고 공감할 수 있다.
- 세계시민으로서 필요한 덕목 중 배려를 실천할 수 있다.

2) 수업 진행 과정

① 도입

- '강의주제, 목표, 내용과 진행과정'에 대해 안내한다.
- 2명씩 짝짓기를 한다.
- 야외에서 활동을 할 수 있는 시간이고 안전에 유의할 것을 주지시킨다.

② 전개

- 두 사람씩 짝을 짓고 시각장애인과 인도자의 역할을 정한다.
- 〈자료 6-1〉 시각장애인 체험을 하면서 같이 해 볼 미션을 정한다.
- 시각장애인의 역할을 하는 사람이 시각이외에 다른 감각 기관을 이용하여 많은 경험을 할 수 있도록 인도자가 안내한다.
- 역할을 바꾸어 경험해 본다(각각 15분씩).
- 〈자료 6-2〉 경험나누기를 활용해 인도자와 시각장애인 입장에서 경험한 것을 작성한다.
- 5~6명으로 구성된 5~6개의 조를 편성하고 조별로 각자가 느낀 점을 발표하고, 다른 조원의 발표를 듣고 느낀 점을 전체 조원이 함께 공유한다.
- '아름다운 소통(공공기관 편)' 영상을 시청하며 진정한 배려의 의미를 생각해 본다.
- 〈자료 6-3〉 1주일 동안 타인을 위한 배려 프로젝트를 통해 조별로 1주일 동안 실천할 수 있는 작은 배려 활동을 정한다.
- 1주일에 몇 회 이상 해 볼 지도 논의해서 정하고 전체에게 대표로 발표한다.

③ 평가 및 마무리

- '시각장애인 체험'에 대한 소감을 나눈다.
- 강의와 관련하여 궁금하거나 알고 싶은 내용에 대해 질의 응답한다.

3) 읽기 자료

- 배려(配慮)란 '여러 가지로 마음을 써서 보살피고 도와줌(국립국어원, 2019), 관심을 가지고 도와주거나 마음을 써서 보살펴 주다'라는 의미이다. 또한 배려는 상대의 처지와 원하는 바를 헤아리는 것(마중물가치연구소, 2008)이며 진정한 배려란 상대가 원할 때 주는 것을 말한다.
- 배려는 함께 살아가는데, 공존하는데 꼭 필요한 요소 중의 하나이다. 특히, 4차 산업혁명과 같이 빠르게 변화하는 현대사회에서 더더욱 요구되는 것이 배려이다. 배려의 결여로 전쟁이나 테러와 같은 다양한 국가 간에 문제들이 연일 일어나고 있고 왕따, 학교 폭력, 노인 및 아동 학대, 층간소음 문제 등과 같은 다양한 사회 문제들이 보도되고 있다. 크는 작는 배려는 일상생활에 필수불가결한 요소이며 삶의 질을 윤택하게 해 주고 행복도를 높여준다.
- 배려를 실천하는 방법은 엄청난 노력이 들거나 돈이 들거나 거창한 것이 아니라 문 잡아주기, 무거운 짐을 들고 가는 분의 짐 들어주기, 엘리베이터 기다려주기, 노약자나 임산부 자리 비워두기 등과 같이 일상생활 속에서 할 수 있는 작은 행동부터 시작하면 된다. 그리고 나부터 배려를 실천하다 보면 호혜성의 원칙 또는 나비효과처럼 다른 사람들이 동참하여 파급효과가 커질 수 있다.

[자료 6-1]

시각장애인 체험을 하며 수행할 미션 정하기

캠퍼스에서 가 보고 싶은 곳	
경험해 보고 싶은 것	

[자료 6-2]

경험 나누기

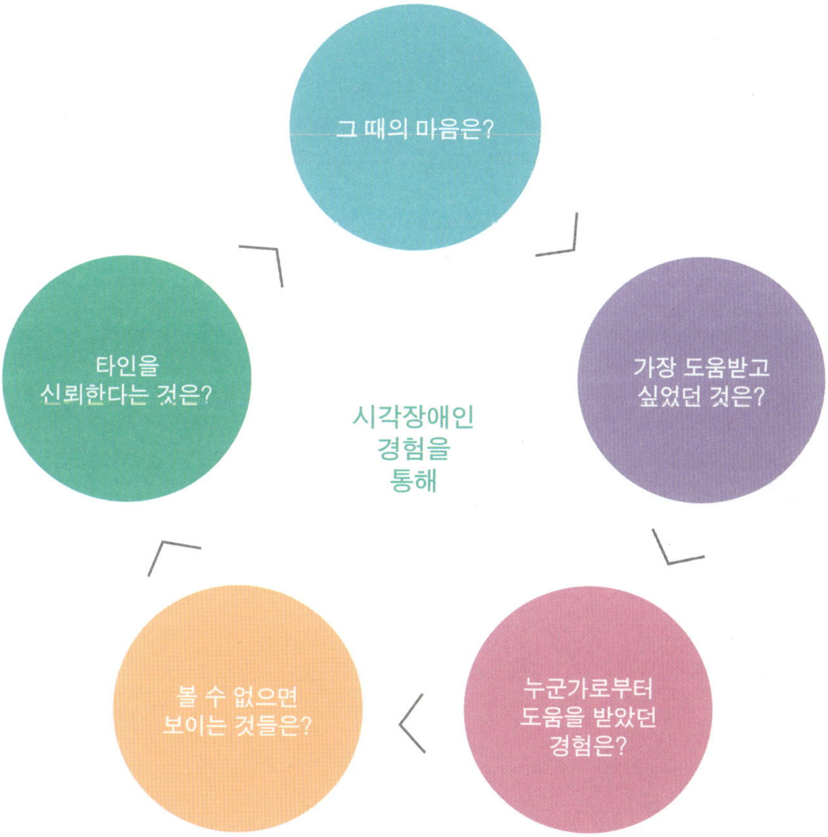
그 때의 마음은?
가장 도움받고 싶었던 것은?
누군가로부터 도움을 받았던 경험은?
볼 수 없으면 보이는 것들은?
타인을 신뢰한다는 것은?
시각장애인 경험을 통해

[자료 6-3]

시각장애인 체험을 하며 수행할 미션 정하기

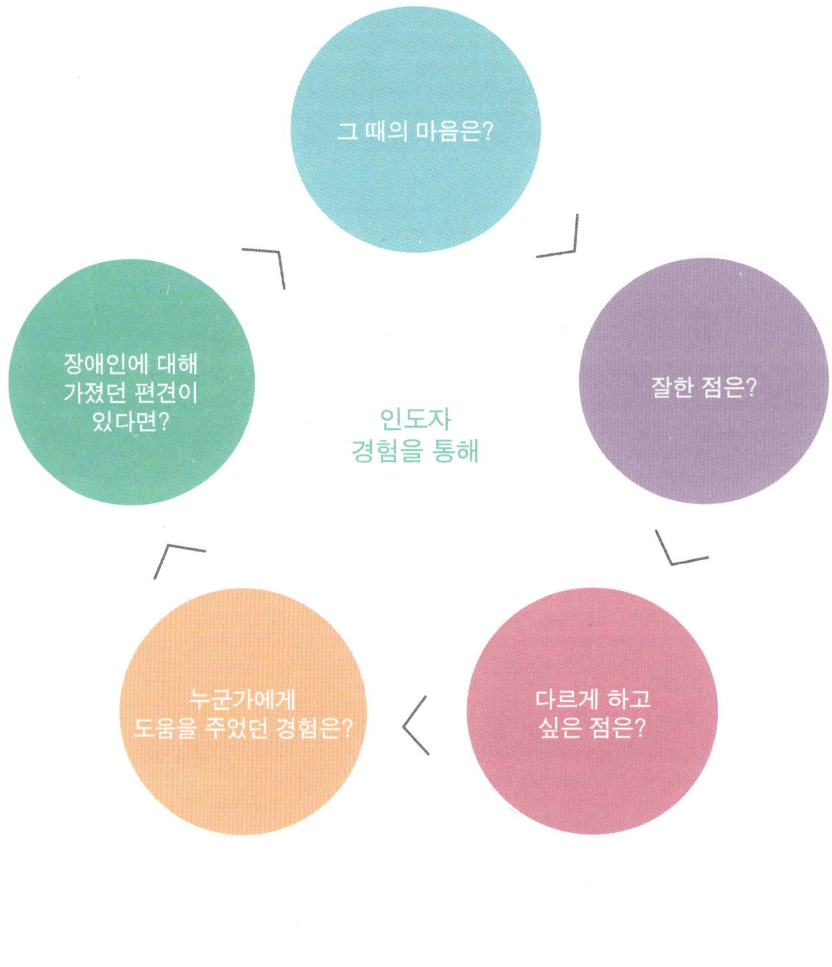

[자료 6-4]

1주일 동안 타인을 위한 배려 Project

● 조별로 1주일 동안 실천해 볼 수 있는 작은 배려 행동을 정하고 실천해 본다.

우리 조에서는 ______________________________을 실천해 볼게요.

1주일 동안 적어도 ______________________________회 이상 실천해 볼게요.

Keimyung Global Citizenship Workbook

계명 글로벌 시티즌십 워크북

07

진실의 길, 나 전달법

07 진실의 길, 나 전달법

1) 수업 목표

- 대인관계 갈등상황에서 자신의 감정과 욕구를 기술할 수 있다.
- Massage를 개념정의, 변별, 예시할 수 있다.

2) 수업 진행 과정

① 도입

- '7주차 강의주제, 목표, 내용과 진행과정'에 대해 인식한다.
- 4-5명으로 구성된 4-5개의 조를 편성한다.
- 조장을 선출한다.

② 전개

- '소통의 개념, 필요성, 원리와 방법'에 대해 학습한다.
- 개인별로 '최근 대인관계 갈등'을 쓴다. 그리고 조별로 발표 및 나누기를 한다.
- 개인별로 최근 대인관계 갈등상황과 관련해서 '자신이 경험한 느낌'을 〈자료7-1〉에서 찾아 쓴다. 그리고 조별로 발표 및 나누기를 한다.
- 'Message 개념, Message와 You Message의 차이'에 대해 학습한다.
- 개인별로 〈자료7-3〉의 예시상황에 대한 'Message 언어응답과 You Message 언어응답'을 쓴다. 그리고 조별로 발표 및 나누기를 한다.
- 개인별로 최근 대인관계 갈등상황과 관련된 'Message 문장, 그리고 You Message 문장'을 만들어서 쓴다. 그리고 조별로 발표 및 나누기를 한다.

③ 평가 및 마무리

- Message 활동에 대한 소감 나누기를 한다.
- Message 활동에 대한 질의응답을 한다.
- 다음 시간 활동을 확인한다.

3) 읽기 자료

- 어떤 개인이 성숙해지면, 그 개인의 자기표현 행동도 성숙해 진다. 그리고 두 사람의 관계가 성숙해지면, 상호 자기표현 행동, 즉 상호 의사소통도 성숙해 진다. 공동체도 마찬가지다. 어떤 공동체가 성숙해져서 민주사회가 되면, 그 민주사회를 구성하는 개인이나 집단, 또는 단체나 조직의 언어, 언어표현 방식이나 상호 의사소통 방식도 성숙해 진다. 따라서 표현이나 의사소통 방식은 개인, 집단, 단체나 조직의 성숙함을 나타내는 지표라고 할 수 있다.
- 나 전달법(Message)은 토마스 고든(Thomas Gordon)이 제안한 진실되고 솔직하게 의사소통하는 자기표현 기법이다. 나 전달법은 인성적으로 성숙한 사람들이 사용하는 자기표현 빙식이고, 대립과 갈등을 극복하여 성숙한 관계를 해 나가는 사람들이나 단체나 조직에서 사용하고 있는 자기표현 및 의사소통 방식이다.
- 구체적으로 나 전달법(Message)이란 나에게 초점을 두고 이야기를 전달하는 방법이다. 반대로 너 전달법(You Message)이란 너에게 초점을 두고 이야기를 전달하는 방법이다. 나 전달법을 사용하면 진실되고 솔직한 만남으로 가는 길이 열린다. 우리는 나 전달법에 대한 학습을 통해 인성과 관련된 덕목인 정직, 지혜, 소통, 협력 등을 성찰하고, 이와 관련된 역량들을 기를 수 있다.

[자료 7-1]

느낌 목록

긍정적 느낌

가볍다.
가슴 벅차다.
감동적이다.
감사하다.
개운하다.
기분 좋다.
기쁘다.
긴장 풀리다.
담담하다.
당당하다.
따뜻하다.
든든하다.
만족하다.
반갑다.
뿌듯한다.
상쾌하다.
생기있다.
신난다.
안심된다.
여유롭다.
유쾌하다.
짜릿하다.
재미있다.
정겹다.
즐겁다.
통쾌하다.
편안하다.
푸근하다.
행복하다.
홀가분하다.
후련하다.
흐뭇하다.
흥미롭다.
흥분된다.
힘이 난다.

부정적 느낌

걱정된다.
괴롭다.
귀찮다.
그립다.
난처하다.
놀라다.
답답하다.
당혹스럽다.
따분하다.
떨리다.
두렵다.
무섭다.
부끄럽다.
불안하다.
불편하다.
비참하다.
서글프다.
서럽다.
서먹하다.
서운하다.
섬뜩하다.
섭섭하다.
쑥스럽다.
슬프다.
쓸쓸하다.
실망된다.
심심하다.
안타깝다.
억울하다.
염려되다.
오싹하다.
외롭다.
우울하다.
위축된다.
좌절된다.
지겹다.
초조하다.
피곤하다.
허전하다.
혼란스럽다.
화난다.
후회된다.
힘들다.

[자료 7-2]

Message

나 전달법 자기표현

넌 참 말도 많구나.
넌 10분 동안 이야기를 했어. 나도 이야기를 하고 싶은데 참고 있는 중이다.

넌 이기적이다.
나도 먹고 싶었는데, 과자가 남아 있지 않네. 솔직히 섭섭하다.

영수증은 왜 안 주세요?
영수증을 받지 못했습니다. 저는 영수증이 필요합니다.

제발 저리 좀 가!
난 무척 지치고 피곤해. 난 쉬고 싶고 혼자 있고 싶어.

넌 왜 욕을 하니?
내게 ○○이라는 말을 세 번째 하는 구나. 난 솔직히 불쾌하고 섭섭하다.

[자료 7-3]

Message 활동지

나 전달법 자기표현

[상황1] 오늘이 조별 공동과제 제출 마감일인데, 영철이는 자신이 맡아서 하기로 한 담당과제를 수행하지 않았다. 그리고 대수롭지 않은 듯이 "내가 할 부분은 빼고, 나머지를 모아서 그냥 제출하자. 고작 5점인데, 뭐 그리 신경쓸 것 없잖아!"라고 말을 한다.

너 전달법

나 전달법

[상황2] 자취집 주인이 여러번 "집이나 방 안에서는 담배를 피우지 말라"는 요청이 있어 왔다. 그리고 나는 담배를 안 피우고, 또 간접흡연하는 것도 매우 싫어한다. 그런데 같이 자취를 하는 룸메이트인 친구는 방에서 담배를 자주 피운다. 오늘도 친구는 담배를 꺼내 입에 물고 "민수야 여기 두었던 라이타 못 봤니?"라고 말을 한다.

너 전달법

나 전달법

Keimyung Global Citizenship Workbook

계명 글로벌 시티즌십 워크북

08

소통의 길, 공감

08 소통의 길, 공감

1) 수업 목표

- 자신의 경청능력을 기술할 수 있다.
- 공감을 개념정의 및 예시할 수 있다.

2) 수업 진행 과정

① 도입

- '8주차 강의주제, 목표, 내용과 진행과정'에 대해 인식한다.
- 4-5명으로 구성된 4-5개의 조를 편성한다.
- 조장을 선출한다.

② 전개

- 〈자료8-1〉 '경청 평가 질문지'에 응답한다.
- '공감의 개념, 공감의 필요성과 가치, 원리와 방법'에 대해 학습한다.
- 〈자료8-2〉 '공감연습1', 그리고 〈자료8-3〉 '공감연습2'를 토대로 공감반응을 연습한다.
- 개인별로 〈자료8-4〉 '공감연습3'의 예시상황에 대한 반응을 쓴다. 그리고 조별로 발표 및 나누기를 한다.
- 전체적으로 〈자료8-4〉 공감연습3의 예시상황에 대해 학습한다.
- 개인별로 최근에 경험한 '대인관계 갈등 사건'을 쓴다. 그리고 조별로 발표 및 나누기를 한다.
- 조별로 각 구성원들의 '대인관계 갈등 사건'에 대한 '공감문장들'을 작성한다. 그리고 조장이 조원들의 사례들 중에서 1-2개 사례를 선택하여 전체에게 발표한다.

③ 평가 및 마무리

- 공감 활동에 대한 소감 나누기를 한다.
- 공감 활동에 대한 질의응답을 한다.
- 다음 시간 활동을 확인한다.

3) 읽기 자료

- 개인이나 집단, 또는 공동체가 성숙해지면 공감 능력이 증가한다. 먼저, 개인이 성숙해지면, 자기 관점에서 벗어나 타인 관점에서 세상을 인식할 수 있게 된다. 더 나아가 타인을 있는 그대로 수용하거나 존중하고, 이를 바탕으로 자신의 필요를 주장하며, 서로 협력하여 공존공영해 나갈 수 있게 된다. 개인 뿐만 아니라 집단이나 공동체도 마찬가지다. 집단이나 공동체가 성숙해지면, 자기 집단이나 자기 공동체 관점에서 벗어나 타 집단이나 타 공동체 관점에서 세상을 인식할 수 있게 된다. 또한 타 집단이나 타 공동체를 있는 그대로 수용하거나 존중하고, 이를 바탕으로 자기 집단이나 공동체의 필요를 주장하면서, 서로 협력하여 공존공영해 나갈 수 있게 된다.
- 우리 사회의 대립과 갈등의 원인 중 하나는 공감의 부족이다. 그리고 그 공감이 부족한 원인 중 하나는 공감 능력의 부족이다. 그리고 그 공감 능력의 부족한 원인 중 하나는 공감교육의 부족이다. 공감은 교육을 통해 길러지는 능력이다. 개인의 성장과 민주사회의 발전을 위해 공감교육이 요청되고 있다. 실제로 많은 선진국에서는 공감교육을 실시하고 있다. 선진국에서의 공감교육은 그들이 선진국을 만들고 유지시키고 더 발전시키는 하나의 동력이 되어 왔다.
- 구체적으로 공감이란 자기 관점에서 벗어나 타인 관점에서 타인의 경험을 생각해 보고, 그 타인의 경험을 나의 언어로 반영해 주는 기법이다. 공감을 배워서 사용하면 성숙한 소통의 길이 열린다. 우리는 공감에 대한 학습을 통해 인성과 관련된 덕목인 소통, 지혜, 배려, 협력, 공존공영 등을 성찰하고, 이와 관련된 역량들을 기를 수 있다.

[자료 8-1]

경청 평가 질문지

1. 나는 타인의 말을 잘 들을 수 있는 경청 능력이 있다. 즉 대화할 때 상대에게 주의를 집중해서 상대의 말을 잘 들을 수 있는 능력, 그리고 그 말의 의미를 잘 이해할 수 있는 능력이 있다.
   ① 전혀 아니다.
   ② 아니다.
   ③ 아닌 편이다.
   ④ 중간이다.
   ⑤ 그런 편이다.
   ⑥ 그렇다.
   ⑦ 매우 그렇다.

---

2. 나는 나의 경청 능력을 사용하여, 실제로 타인과 대화를 할 때 경청행동을 한다. 즉 대화할 때 상대에게 주의를 집중해서 상대의 말을 잘 듣는 행동을 한다. 그리고 그 말의 의미를 잘 이해하는 행동을 한다.
   ① 전혀 아니다.
   ② 아니다.
   ③ 아닌 편이다.
   ④ 중간이다.
   ⑤ 그런 편이다.
   ⑥ 그렇다.
   ⑦ 매우 그렇다.

---

3. 나는 경청에 대한 체계적인 교육이나 훈련을 받은 적이 있다.
   ① 전혀 아니다.
   ② 아니다.
   ③ 아닌 편이다.
   ④ 중간이다.
   ⑤ 그런 편이다.
   ⑥ 그렇다.
   ⑦ 매우 그렇다.

[자료 8-2]

공감 연습 1

[상황] 친구가 당신에게 아래와 같이 말을 한다.
“요즘 나는 술을 너무 많이 마시는 것 같아. 우리 엄마도 자꾸 술을 그만 마시라고 말을 하는데, 사실 그게 잘 안돼!”

1. 친구가 한 말의 내용(요지)

2. 말 속에 담긴 친구의 감정

3. 말 속에 담긴 친구의 바람

4. 공감 반응 (내용 반영, 감정 반영, 바람 반영)

[자료 8-3]

공감 연습 2

[상황] 친구가 당신에게 아래와 같이 말을 한다.
"이 번 학기에는 F학점을 두 개나 받았어. 우리 아빠가 알면 큰일인데, 어떻게 해야 할지 모르겠어."

1. 친구가 한 말의 내용(요지)

2. 말 속에 담긴 친구의 감정

3. 말 속에 담긴 친구의 바람

4. 공감 반응 (내용 반영, 감정 반영, 바람 반영)

[자료 8-4]

공감 연습 3

[상황] 친구가 당신에게 아래와 같이 말을 한다.

"1년 전에, 학교에서 보내주는 6개월 단기 해외연수에 신청을 했는데, 오늘 80대 1의 경쟁률를 뚫고 합격했다고 연락을 받았어. 그런데 학교에서는 320만원을 지원해 주는 대신, 개인이 생활비로 180만원을 부담해야 갈 수 있다는 거야. 그런데 우리 집은 지금 아빠가 병원에 입원해 있고, 또 경제적으로도 많이 힘들어. 그래서 포기를 해야 하는데, 솔직히 기분이 정말 그런거야."

1. 친구가 한 말의 내용(요지)

2. 말 속에 담긴 친구의 감정

3. 말 속에 담긴 친구의 바람

4. 공감 반응 (내용 반영, 감정 반영, 바람 반영)

Grammar for English Language Teachers
TOEFL READING
R

Keimyung Global Citizenship Workbook

계명 글로벌 시티즌십 워크북

09

글로벌 역지사지

09 글로벌 역지사지

1) 수업 목표

- 외국인으로서 겪게 되는 어려움을 이해할 수 있다.
- '다름'으로 인해 유발되는 다양한 갈등을 이해할 수 있다.
- 역지사지의 방안을 모색하고 이를 실천할 수 있다.

2) 수업 진행 과정

① 도입

- 9장의 강의주제, 목표, 내용과 진행 과정에 대해 안내한다.
- 다양성 이해의 중요성을 강조한다.
- 역지사지를 이해하는 데 도움이 되는 영상을 보여준다.
- 글로벌 시민으로서 갖추어야 할 공감과 배려의 중요성을 강조한다.
- 5~6명으로 구성된 조를 편성하고 조장을 선출하게 한다.

② 전개

- 외국인 혹은 사회적 소수자가 삶에서 경험할 수 있는 어려운 상황에 관해 설명한다.
- 유교적 가치관을 가진 우리나라와 타민족 간 의사소통의 문제, 아시아 소수민족이나 아프리카 사람들에 대한 인종차별과 편견, 종교적 관습의 차이에서 오는 어려움, 유학생이나 이주민이 겪게 되는 어려움 등의 사례를 제시한다.
- 한 가지 사례를 선정하여, 외국인이 겪게 되는 어려운 상황이나 갈등상황을 영상으로 보여준다.
- '역지사지 사례 I 과 역지사지 사례 II'에 제시된 내용, 또는 실제로 경험한 사례 중 한 가지를 선정하게 한다.
- 〈자료 9-1〉에 선정한 사례의 상황을 간략하게 쓰고, 경험의 당사자와 상대방, 그 상황을 간접적으로 경험하는 자신의 입장에서 원인을 파악하고, 각각의 입장에서 생각과 감정 상태를 글로 표현하게 한다.에서의 생각과 감정의 상태를 글로 표현한다.

- <자료 9-2>에 세 가지 입장에서 표출될 수 있는 감정 상태를 마인드맵으로 표현하여 시각화하게 한다.
- 조별 토의를 통해 모색된 해결방안을 <자료 9-3>에 기록한 후, 조별로 한 사람이 발표하게 한다.

③ **평가 및 마무리**

- 활동을 통해 새롭게 느낀 점을 개인적으로 정리하게 하고, 2~3명 정도 발표하게 한다.
- 전체 내용을 요약하여 설명하고, 차시 안내를 한다.

---

3) 읽기 자료

- 문화 배경이 다른 사람들 간의 상호작용을 원만하게 하려면 역지사지(易地思之)의 공감과 배려가 필요하다. 역지사지의 사전적 의미는 다른 사람과 처지를 바꾸어 놓고 생각하는 것이다. 이러한 태도는 다양한 문화가 공존하는 글로벌 시대에 절대적으로 필요하며, 이는 공감과 공용할 수 있다.
- 공감은 다른 사람의 내적인 준거 틀을 마치(as if) 자신이 그 사람인 것처럼 지각하는 상태로 인지적, 정서적, 표현적 및 통합적 관점에서 정의할 수 있다. 인지적 관점은 상대방의 감정을 인지해 내는 능력과 상대의 역할을 취하여보고 적절한 반응으로 대처하는 것이고, 정서적 관점은 상대방의 감정을 그것과 동일한 것이 아니더라도 부합하는 것으로 공유하는 것이다. 표현적 관점에서는 내적으로 이루어진 공감이 외부로 표현되며 전달되는 것을 강조한 것이다. 통합적 관점은 공감을 인지적, 정서적, 의사전달 흐름이 모두 포함되는 다차원적인 것으로 보는 관점이다.
- 글로벌 시티즌으로서 갖추어야 할 역량 중 하나는 통합적 관점에서의 공감 능력이다. 즉 다양한 문화적 차이를 이해할 뿐 아니라, 문화적 차이로 인해 파생되는 여러 가지 갈등을 해소하기 위해 역지사지로 생각하고, 실천하는 다차원적 노력이 필요하다.
- 역지사지 사례 Ⅰ
  · 버스에서 지갑을 잃어버린 파키스탄 친구
  · 미국 입국심사 과정에서 유색인종에게 유난히 까다로운 심사관
  · 어머니가 베트남 사람이라서 왕따가 된 친구(영화 '완득이')
  · 외국인과의 결혼을 반대하는 부모님
  · 종교가 다른 친구들과의 만남
  · 출입국관리사무소에서 유학 중인 중국 친구를 불법체류자로 오해
  · 한 냄비에 담긴 찌개를 덜어 먹지 않는 한국 친구와 서양인 친구

- 역지사지 갈등사례 II : (그림 9-1)과 (그림 9-2) 참조
  · 한국어가 서툰 국제결혼이주여성이 존칭어, 비언어 사용으로 인한 언어적 갈등
  · 일터나 직장에서 업무적 특성에서 오는 갈등(숫자세기의 예: 正-5)
  · 인도인 쉐프가 소고기 요리를 만들어야 하는 상황에서 일어나는 갈등
  · 후진국 출신의 흑인을 열등한 타자로 인식하는 비윤리적인 태도에서 오는 갈등
  · 이슬람권에서 온 사람에게 IS에 대해 상세히 묻거나, 모든 이슬람 사람들을 테러리스트로 규정하는 데서 오는 갈등

- (그림9-1) KBS 이웃집 찰스 중 갈등의 예

숫자표기의 국가별 차이에 놀란 아델리아

피부색으로 인종차별을 받고 있는 숨

문화갈등으로 부부싸움을 하고 있는 줄리아

종교적 갈등을 겪고있는 인도 세프와 식당주인

- (그림9-2) 사례인물의 분석(이노미, 2015)

분류	분석 인물 및 에피소드 정보			
이름	줄리아	아델리아	숨	러블리 외 4인
출신국	이탈리아	러시아	코트디부아르	인도
나이	26세	26세	41세	34세~36세
성별	여	여	남	남
직업	요리사	회사원	생전 판매상	요리사
종교	-	-	이슬람	힌두교
국내거주기간	10개월	3년	11년	3년~10년
국내거주지	서울 정릉동	서울	서울 용산	서울 상수동
한국어수준	조금	잘함	매우 잘함	조금~전혀 못함
방송회차	1회~5회	1회~5회	10회~13회	14회~16회
방송일자	1.5~2.3(5회)	1.5~2.3(5회)	3.17~4.7(4회)	4.14~4.28(3회)
부제	사랑밖에 난 몰라 내겐 너무 먼 시어머니 달라도 너무 달라 대화가필요해 내 생애 가장 특별한 손님	오늘부터 출근 신입사원은 힘들어 선배 후배 모두 힘들다 출근하라 풋풋하게 내일도 출근	아프리카에서 왔어요. 아빠가 아프다 슈퍼맨이 돌아왔다 한국에 살고 싶어요	인도에서 온 기러기 가족 요리는 나의 힘 코리안 드림을 찾아서
주요등장인물	남편, 시부모, 친정언니	차장, 팀원, 직장선배, 러시아 친구	부인 플로라, 아들딸, 직장동료	러블리, 발비르, 인두,드니쉬, 부비, 레스토랑 사장 부부
주제 및 핵심내용	이탈리아 며느리와 함께 사는 시부모님과 고부갈등	러시아 신입사원의 한국 물류회사직장생활 고군분투기	아프리카 흑인 4인 가족의 한국생존기	5인의 기러기 인도 아빠들의 코리안 드림 필사기
출연인물				

[자료 9-1]

외국인 혹은 사회적 소수자가 겪게 되는 상황

1. 사건 상황 :

2. '사건'이 발생하게 된 원인

A(경험의 당사자)	B(상대방 입장)	C(객관적 입장)

3. 감정 상태

A(경험의 당사자)	B(상대방 입장)	C(객관적 입장)

[자료 9-2]

감정의 상태(사건 당사자, 상대방, 객관적 입장) 마인드맵 그리기

[자료 9-3]

역지사지 해결방안

	이상적인 해결방안	이유
당사자 입장		
상대방 입장		
객관적 입장		

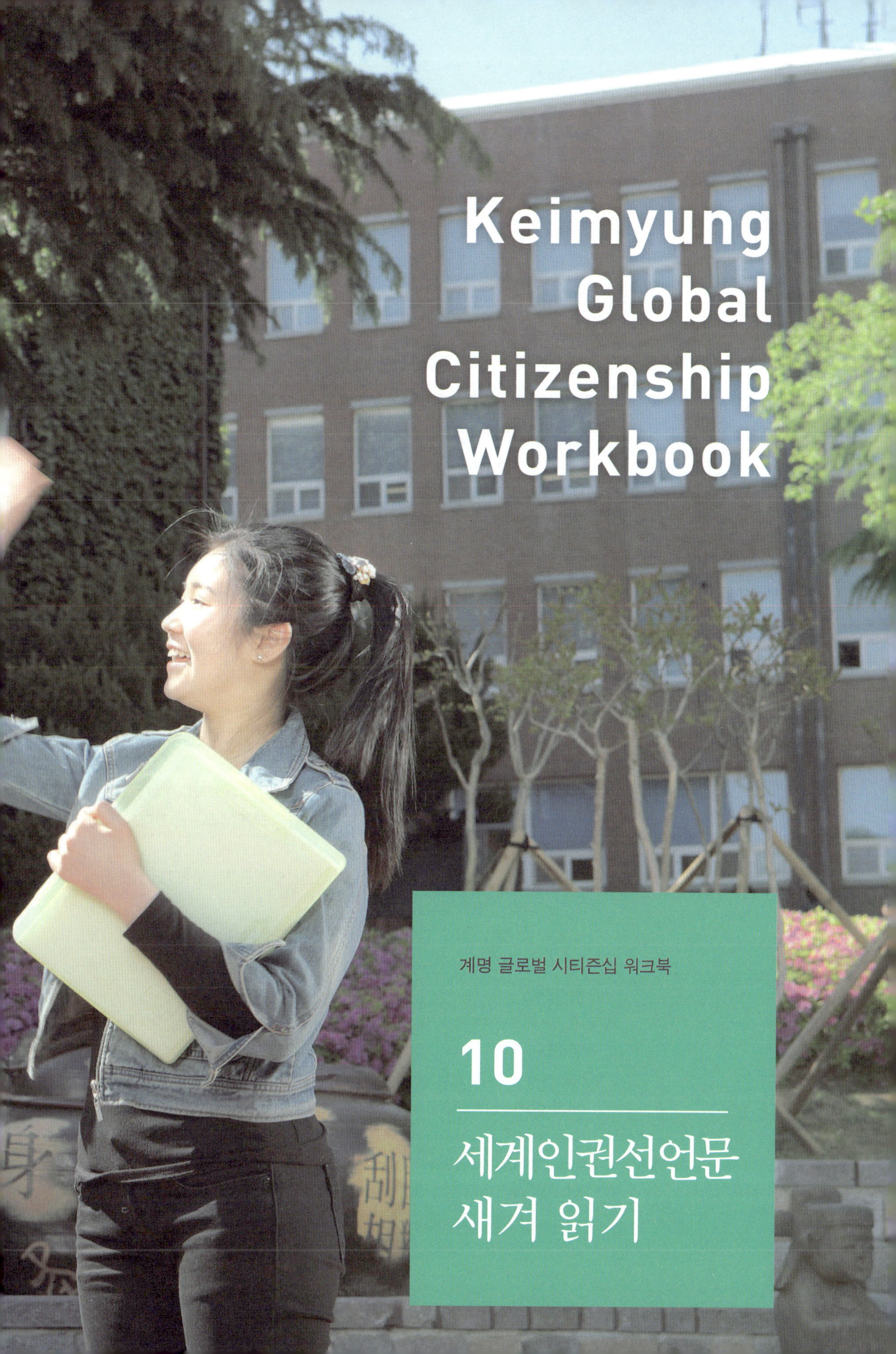

Keimyung Global Citizenship Workbook

계명 글로벌 시티즌십 워크북

10

세계인권선언문 새겨 읽기

10 세계인권선언문 새겨 읽기

1) 수업 목표

- 인간의 존엄성을 이해하고, 설명한다.
- 개개인 존재의 고유성과 평등성을 이해한다.
- 평등한 인간이 누릴 수 있는 자격에 대해 이해한다.
- 공동체로서 세계시민이 지켜야 할 준수사항을 바르게 이해한다.

2) 수업 진행 과정

① 도입

- 강의주제, 목표, 내용과 진행과정'에 대해 이해한다.
- 세계인권선언문의 의의와 구조에 대해 학습한다.

② 전개

- 〈자료 10-1〉의 세계인권선언문 전문을 함께 읽고, 세계인권선언문을 담은 동영상을 시청한다.
- 개인별로 〈자료 10-3〉을 활용하여 세계인권선언문에 등장하는 핵심 키워드를 5개씩 찾고 그 뜻을 정리하여 인권 개념에 대한 브레인스토밍을 한다. 그리고 조별로 발표 및 나누기를 한다.
- 개인별로 〈자료 10-4〉를 활용하여 세계인권선언과 관련된 사례 탐구서를 작성한다. 그리고 조별로 발표 및 나누기를 한다.
- 조별로 〈자료 10-4〉의 탐구내용 중 세계인권선언문의 내용이 잘 지켜지지 않는 예 하나를 선정하고 〈자료 10-5〉을 활용하여 피쉬본 다이어그램으로 발표문을 작성한다.
- 각조의 대표는 〈자료 10-5〉를 사진 촬영하여 교수학습지원시스템의 자유게시판에 올린다.
- 각조에서 발표자를 선정하여 〈자료 10-5〉를 스크린에 띠우고 준비된 내용을 발표하고, 질문에 답변한다.

③ 평가 및 마무리

- 인권의 내용과 중요성을 다시 한 번 확인하고, 소감 나누기를 한다.
- 다음 시간 활동을 확인한다.

3) 읽기 자료

- 인권이란 인간이라면 누구나 지니는 기본적인 권리이다. 이것은 시대와 장소를 가리지 않고 모든 인간이 인간답게 살아가기 위해 보장받아야 하는 권리이다. 이러한 인권은 인종, 성, 언어, 종교, 정치적 의견, 사회적 출신, 재산, 또는 이와 유사한 그 어떤 이유와도 관계없이 누구나 동등하게 누려야 한다는 의미에서 보편적인 성격을 지닌 권리이다.
- 모든 인간은 태어나는 순간 인간이라는 이유만으로 존중 받아야 하는 소중한 존재이다. 인간의 존엄성은 다른 어떤 것과도 바꿀 수 없는 절대적 가치이다. 인간의 존엄성에 대한 생각은 근대 이후 발전하여 인권사상으로 발전하였다. 이에 따라면 인간은 자유롭게 살아갈 권리와 인간다운 삶을 보장받을 권리를 지니며, 모든 사람은 그러한 권리를 평등하게 누릴 수 있어야 한다.
- 인권개념의 시작은 자유권의 획득을 위한 노력에 정초한다. 인간의 자유권에 대한 사고는 신분제도를 몰아낸 프랑스 대혁명을 기점으로 발전하여 시민 혁명기를 거치면서 위치를 공고히 한다. 이 자유권에는 생명권을 비롯해 신체의 자유, 사생활의 자유, 사상과 양심의 자유, 종교의 자유, 표현의 자유, 언론과 출판의 자유, 집회와 결사의 자유 등이 포함된다. 19C 이후 사회 경제적 불평등이 커진 시기에 발달한 사회권에 대한 관점이 자유권에 첨가되어 오늘날의 인권개념이 완성되었다. 사회권에는 노동권, 사회 보장권, 인간다운 생활을 누릴 권리, 건강권, 교육권, 문화 향유권 등이 포함된다.
- 세계인권선언은 1948년 6월 국제연합 인권위원회에서 선언문이 완성되었다. 그 후 1948년 12월 10일 파리에서 열린 제3차 국제연합 총회에서 만장일치로 채택되었다. 세계인권선언문은 인권과 기본적 자유가 시간과 공간을 초월해 모든 사람에게 똑 같이 적용된다는 사실을 세계 최초로 인정한 선언이다. 여기에는 개인의 자유와 권리를 상세히 명시하고 있다. 국제 인권법의 토대가 되는 이 선언문은 가장 많이 인용되는 인권문서이고, 많은 국제 조약과 선언의 모범이 되는 선언이다.

[자료 10-1]

세계인권선언문

전문

인류 모든 구성원들의 고유한 존엄성과 동등하고 양도할 수 없는 권리를 인정하는 것은 세계의 자유, 정의, 평화의 기초이며, 인권을 무시하고 경멸하는 것은 인류의 양심을 짓밟는 야만적 행위라는 결과를 초래하였으며, 인류가 언론과 신념의 자유, 공포와 궁핍으로부터의 자유를 향유하는 세계의 도래는 일반사람들의 지고한 열망으로 선포되었으며, 사람이 폭정과 억압에 반항하는 마지막 수단으로서 반란을 하도록 강요받지 않으려면, 인권이 법의 통치에 의하여 보호받아야 하며, 국가들 간의 친선관계의 발전을 촉진시키는 것이 필수적이며, 국제연합에 소속된 국민들은 그 헌장에서 기본적 인권과, 인간 개개인의 존엄과 가치, 남녀의 동등한 권리에 대한 믿음을 재확인하고, 더욱 폭넓은 자유 속에서 사회적 진보와 보다 나은 생활수준을 촉진하도록 결의를 다짐하였으며, 회원 국가들은 국제연합과 협력하여 인권과 기본적 자유에 대한 보편적 존중과 준수를 촉진하여 성취할 것을 서약하였으며, 이러한 권리와 자유에 대한 공통적인 이해가 이 서약서의 전적인 실현을 위하여 가장 중요하므로, 이제 국제연합 총회에서는 모든 개인과 사회의 각 기관이 세계인권선언을 항상 마음속에 간직한 채, 가르침과 교육을 통하여 이러한 권리와 자유에 대한 존중을 촉진하도록 노력하고, 국가적 및 국제적으로 점진적인 조치를 통하여 회원국 국민 및 회원국 관할하의 영토의 국민들 모두에게 권리와 자유의 보편적이고 효과적인 인식과 준수를 보장하기 위하여 애쓰도록, 모든 국민들과 국가들이 달성해야 할 공통의 기준으로서 본 세계인권선언서를 선포한다.

제1조
모든 인간은 태어날 때부터 자유롭고, 존엄성과 권리에 있어서 평등하다. 모든 인간은 이성과 양심을 부여받았으며 형제의 정신으로 서로 서로를 대해야 한다.

제2조
모든 사람은 인종, 피부색깔, 성, 언어, 종교, 정치적 또는 그 밖의 견해, 민족적 또는 사회적 출신, 재산, 출생, 기타의 지위 등과 같은 어떤 종류의 차별도 없이 이 선언서에 제시한 모든 권리와 자유를 누릴 자격이 있다. 더 나아가 개인이 속한 나라나 영역이 독립국이든지 신탁 통치 국이든지, 비자치국이든지 또는 그 밖의 다른 주권상의 제약을 받고 있는 곳이든지, 그 나라나 영역의 정치적, 사법적, 국제적 지위를 근거로 차별이 행해져서는 안 된다.

제3조
모든 인간은 생명권과 신체의 자유 그리고 안전을 누릴 권리가 있다.

제4조
그 어느 누구도 노예나 예속상태에 놓여 져서는 안 된다. 모든 형태의 노예제도와 노예매매는 금지된다.

제5조
그 어느 누구도 고문이나, 가혹하거나, 비인도적이거나, 모욕적인 취급 또는 형벌을 받아서는 안 된다.

제6조
모든 사람은 어디서나 법 앞에서 한 인간으로 인정받을 권리가 있다.

제7조
모든 사람은 법 앞에 평등하며, 어떠한 차별도 없이 법의 평등한 보호를 받을 권리를 가진다. 모든 사람은 이 선언서를 위반하는 어떠한 차별에 대해서, 또한 차별을 부추기는 어떠한 선동으로부터도 평등한 보호를 받을 권리를 가진다.

제8조
모든 사람은 헌법 또는 법률에 의해 부여된 기본권을 침해하는 행위에 대해 해당 국가법원으로부터 효율적인 구제를 받을 권리가 있다.

제9조
그 어느 누구도 자의적인 체포, 구금 또는 추방을 당해서는 안 된다.

제10조
모든 사람은 자신의 권리와 의무 그리고 자신에 대한 형사상의 혐의에 대한 책임을 결정함에 있어서, 독립적이고 편견 없는 법정에서 공정하고도 공개적인 심문을 완전히 평등하게 받을 권리가 있다.

제11조
1. 형사상 범죄로 소추당한 모든 사람은 자신을 변호하기 위해 필요한 모든 것을 갖춘 공개재판에서 법률에 따라 유죄로 입증될 때까지 무죄로 추정 받을 권리가 있다.
2. 어느 누구도 행위 시의 국내법 또는 국제법에 의해 범죄를 구성하지 아니하는 작위 또는 부작위를 이유로 유죄가 되지 않는다. 또한 범죄를 저지른 때에 적용될 수 있는 형벌보다 무거운 형벌이 부과되어서는 안 된다.

제12조
그 어느 누구도 개인의 사생활, 가정, 주거 또는 통신에 대해 임의적인 간섭을 받지 않으며, 자신의 명예와 신용에 대해 공격을 받지 아니한다. 모든 사람은 그러한 간섭과 공격에 대항하여 법률의 보호를 받을 권리가 있다.

제13조
1. 모든 사람은 각국의 영역 안에서 이사와 거주의 자유에 대한 권리를 가진다.
2. 모든 사람은 자국을 포함한 어떤 나라로부터도 떠날 권리가 있으며, 또한 자국으로 돌아올 권리가 있다.

제14조
1. 모든 사람은 박해를 피해 타국에서 은신처를 찾고 체재할 권리를 가진다.
2. 이러한 권리는 비정치적인 범죄 또는 국제연합의 목적과 원칙에 반대되는 행위만을 원인으로 해서 제기된 소추의 경우에는 활용될 수 없다.

제15조
1. 모든 사람은 국적을 가질 권리가 있다.
2. 어느 누구도 자의적으로 자신의 국적을 박탈당하거나 자신의 국적을 바꿀 권리를 거부당하지 않는다.

제16조
1. 성년에 이른 남녀는 인종, 국적 또는 종교로 인한 어떠한 제한도 받지 않고 결혼하여 가정을 이룰 권리를 가진다. 그들은 결혼 기간 중 및 그 해소 시 결혼에 관하여 동등한 권리를 가진다.
2. 결혼은 양당사자의 자유롭고도 완전한 합의에 의하여만 이루어진다.
3. 가족은 사회의 자연적이며 기초적인 구성단위이며, 사회와 국가의 보호를 받을 권리 가 있다.

제17조
1. 모든 사람은 단독으로 혹은 타인과 협력하여 자신의 재산을 소유할 권리가 있다.
2. 그 어느 누구도 자신의 재산을 임의적으로 박탈당하지 않는다.

제18조
모든 사람은 사상, 양심, 종교의 자유에 대한 권리가 있다. 이러한 권리는 자신의 종교 또는 신념을 바꿀 자유와 선교, 행사, 예배, 의식에 있어서 단독으로 또는 다른 사람과 함께, 공적으로 또는 사적으로 자신의 종교나 신념을 자유로이 밝힐 권리가 있다.

제19조
모든 사람은 자신의 견해를 가질 권리와 표현을 자유롭게 할 권리가 있다. 이 권리는 간섭받지 않고 자신의 의견을 가질 자유와 국경에 관계없이 모든 매체를 활용하여 정보와 사상을 추구하고, 입수하고, 전달할 자유를 가진다.

제20조
1. 모든 사람은 평화적 집회와 결사를 자유롭게 할 권리를 가진다.
2. 그 어느 누구도 어떤 결사에 소속될 것을 강요받지 않는다.

제21조
1. 모든 사람은 직접 또는 자유로이 선출된 대표를 통해 자국의 정치에 참여할 권리 가 있다.
2. 모든 사람은 자국의 공무를 담당할 권리를 동등하게 가진다.
3. 국민의 의사는 통치 권력의 기초가 된다. 이 의사는 정기적이고 진정한 선거를 통해 표현되어야 한다. 이 선거는 평등한 보통 선거에 의한 것이어야 하고, 비밀투표 또는 이와 동등한 자유로운 투표 절차에 따라 실시되어야 한다.

제22조
사회의 일원으로서 모든 사람은 사회보장제도의 혜택을 받을 권리를 가지며, 국가적 노력과 국제적 협력을 통하여 그리고 각국의 조직과 자원에 따라 자신의 존엄성과 인격의 자유로운 발전을 위해 필수 불가결한 경제적, 사회적 및 문화적 권리를 실현할 권리가 있다.

제23조
1. 모든 사람은 노동의 권리, 자유롭게 직업을 선택할 권리, 공정하고 유리한 근무조건에 관한 권리 및 실업을 당하지 않도록 보호받을 권리를 가진다.
2. 모든 사람은 어떠한 차별도 받지 않고 동등한 노동에 대하여 동등한 보수를 받을 권리가 있다.
3. 모든 근로자는 자신과 가족이 인간적 존엄에 합당한 생활을 보장받을 수 있는 정당하고 유리한 보수를 받을 권리가 있고, 필요할 경우 다른 사회적 보호의 수단에 의해 지원 받을 권리를 가진다.

4. 모든 사람은 자신의 이익을 보호하기 위해 노동조합을 조직하고, 가입할 권리가 있다.

제24조

모든 사람은 근로시간의 합리적 제한과 정기적인 유급휴일을 포함하여 휴식과 여가를 누릴 권리를 가진다.

제25조

1. 모든 사람은 음식, 의복, 주택, 의료 및 필수적인 사회복지에 의해 자신과 가족의 건강과 안녕에 적합한 생활수준을 누릴 권리가 있으며, 실업, 질병, 장애, 배우자와의 사별, 노령, 그 밖의 자신이 통제할 수 없는 상황에 의해 발생한 생계 결핍의 경우 사회보장을 받을 권리가 있다.
2. 모자(母子)는 특별한 보살핌과 도움을 받을 권리를 가진다. 부모의 혼인 여부에 관계없이 모든 어린이는 동등한 사회적 보호를 향유해야 한다.

제26조

1. 모든 사람은 교육 받을 권리가 있다. 교육은 최소한 초등과 기초적 단계에서는 무료여야 한다. 초등교육은 의무적이어야 한다. 기술교육과 직업교육은 일반인이 이용할 수 있어야 하며, 고등교육도 능력에 따라 모든 사람에게 평등하게 개방되어야 한다.
2. 교육은 인간적인 인격의 완전한 발전과 인권 및 기본적 자유에 대한 존중을 강화하도록 의도되어야 한다. 그것은 모든 국가들과 인종적 또는 종교적 집단 상호간의 이해와 관용 및 친선을 증진시키고, 나아가 평화를 유지하기 위한 국제연합의 활동을 촉진하는 것이어야 한다.
3. 부모는 자녀에게 제공되는 교육의 종류를 선택할 우선권이 있다.

제27조

1. 모든 사람은 자신이 속한 공동체의 문화생활에 참여하고, 예술을 감상하며, 과학의 진보와 그 혜택을 자유롭게 향유할 권리를 가진다.
2. 모든 사람은 자신이 만든 모든 과학적, 문학적, 예술적 창작품에서 생기는 정신적, 물질적 이익을 보호 받을 권리를 가진다.

제28조

모든 사람은 이 선언서에 제시된 권리와 자유가 완전히 실현될 수 있는 사회적 및 국제적 질서를 누릴 권리를 가진다.

제29조

1. 모든 사람은 그 안에서 자신의 인격을 자유롭고 완전하게 발전시킬 수 있는 공동체를 만들어 나갈 의무를 가진다.
2. 모든 사람은 자신의 권리와 자유를 행사함에 있어, 타인의 권리와 자유에 대한 적절한 인정과 존중을 보장하고, 민주사회의 도덕, 공공질서, 일반적 복지를 위해 정당한 필요를 충족시키기 위한 경우에만 법률로 규정한 바에 따라 제한을 받는다.
3. 이러한 권리와 자유는 어떤 경우에도 국제연합의 목적과 원칙에 반해서 행사될 수 없다.

제30조

이 선언서의 그 어떤 조항도 특정 국가나 집단 또는 개인이 이 선언서에서 규정한 어떠한 권리와 자유를 파괴할 목적으로 활용되어서는 안 되며, 그와 같은 행위를 할 어떠한 권리를 가지는 것으로 해석되어서도 안 된다.

[자료 10-2]

세계인권선언문 영문

Universal Declaration of Human Rights

PREAMBLE

Whereas recognition of the inherent dignity and of the equal and inalienable rights of all members of the human family is the foundation of freedom, justice and peace in the world, Whereas disregard and contempt for human rights have resulted in barbarous acts which have outraged the conscience of mankind, and the advent of a world in which human beings shall enjoy freedom of speech and belief and freedom from fear and want has been proclaimed as the highest aspiration of the common people, Whereas it is essential, if man is not to be compelled to have recourse, as a last resort, to rebellion against tyranny and oppression, that human rights should be protected by the rule of law, Whereas it is essential to promote the development of friendly relations between nations, Whereas the peoples of the United Nations have in the Charter reaffirmed their faith in fundamental human rights, in the dignity and worth of the human person and in the equal rights of men and women and have determined to promote social progress and better standards of life in larger freedom, Whereas Member States have pledged themselves to achieve, in cooperation with the United Nations, the promotion of universal respect for and observance of human rights and fundamental freedoms, Whereas a common understanding of these rights and freedoms is of the greatest importance for the full realization of this pledge, Now, therefore, The General Assembly, Proclaims this Universal Declaration of Human Rights as a common standard of achievement for all peoples and all nations, to the end that every individual and every organ of society, keeping this Declaration constantly in mind, shall strive by teaching and education to promote respect for these rights and freedoms and by progressive measures, national and international, to secure their universal and effective recognition and observance, both among the peoples of Member States themselves and among the peoples of territories under their jurisdiction.

제1조

All human beings are born free and equal in dignity and rights. They are endowed with reason and conscience and should act towards one another in a spirit of brotherhood.

제2조

Everyone is entitled to all the rights and freedoms set forth in this Declaration, without distinction of any kind, such as race, colour, sex, language, religion, political or other opinion, national or social origin, property, birth or other status. Furthermore, no distinction shall be made on the basis of the political, jurisdictional or international status of the country or territory to which a person belongs, whether it be independent, trust, non-self-governing or under any other limitation of sovereignty.

제3조

Everyone has the right to life, liberty and security of person.

제4조

No one shall be held in slavery or servitude; slavery and the slave trade shall be prohibited in all their forms.

제5조

No one shall be subjected to torture or to cruel, inhuman or degrading treatment or punishment.

제6조

Everyone has the right to recognition everywhere as a person before the law.

제7조

All are equal before the law and are entitled without any discrimination to equal protection of the law. All are entitled to equal protection against any discrimination in violation of this Declaration and against any incitement to such discrimination.

제8조

Everyone has the right to an effective remedy by the competent national tribunals for acts violating the fundamental rights granted him by the constitution or by law.

제9조
No one shall be subjected to arbitrary arrest, detention or exile.

제10조
Everyone is entitled in full equality to a fair and public hearing by and independent and impartial tribunal, in the determination of his rights and obligations and of any criminal charge against him.

제11조
1. Everyone charged with a penal offence has the right to be presumed innocent until proved guilty according to law in a public trial at which he has had all the guarantees necessary for his defence.
2. No one shall be held guilty of any penal offence on account of any act or omission which did not constitute a penal offence, under national or international law, at the time when it was committed. Nor shall a heavier penalty be imposed than the one that was applicable at the time the penal offence was committed.

제12조
No one shall be subjected to arbitrary interference with his privacy, family, home or correspondence, nor to attacks upon his honour and reputation. Everyone has the right to the protection of the law against such interference or attacks.

제13조
1. Everyone has the right to freedom of movement and residence within the borders of each State.
2. Everyone has the right to leave any country, including his own, and to return to his country.

제14조
1. Everyone has the right to seek and to enjoy in other countries asylum from persecution.
2. This right may not be invoked in the case of prosecutions genuinely arising from non-political crimes or from acts contrary to the purposes and principles of the United Nations.

제15조
1. Everyone has the right to a nationality.
2. No one shall be arbitrarily deprived of his nationality nor denied the right to change his nationality.

제16조
1. Men and women of full age, without any limitation due to race, nationality or religion, religion, have the right to marry and to found a family. They are entitled to equal rights as to marriage, during marriage and at its dissolution.
2. Marriage shall be entered into only with the free and full consent of the intending spouses.
3. The family is the natural and fundamental group unit of society and is entitled to protection by society and the State.

제17조
1. Everyone has the right to own property alone as well as in association with others.
2. No one shall be arbitrarily deprived of his property.

제18조
Everyone has the right to freedom of thought, conscience and religion; this right includes freedom to change his religion or belief, and freedom, either alone or in community with others and in public or private, to manifest his religion or belief in teaching, practice, worship and observance.

제19조
Everyone has the right to freedom of opinion and expression; this right includes freedom to hold opinions without interference and to seek, receive and impart information and ideas through any media and regardless of frontiers.

제20조
1. Everyone has the right to freedom of peaceful assembly and association.
2. No one may be compelled to belong to an association.

제21조

1. Everyone has the right to take part in the government of his country, directly or through freely chosen representatives.
2. Everyone has the right to equal access to public service in his country.
3. The will of the people shall be the basis of the authority of government; this will shall be expressed in periodic and genuine elections which shall be by universal and equal suffrage and shall be held by secret vote or by equivalent free voting procedures.

제22조

Everyone, as a member of society, has the right to social security and is entitled to realization, through national effort and international co-operation and in accordance with the organization and resources of each State, of the economic, social and cultural rights indispensable for his dignity and the free development of his personality.

제23조

1. Everyone has the right to work, to free choice of employment, to just and favourable conditions of work and to protection against unemployment.
2. Everyone, without any discrimination, has the right to equal pay for equal work.
3. Everyone who works has the right to just and favourable remuneration ensuring for himself and his family an existence worthy of human dignity, and supplemented, if necessary, by other means of social protection.
4. Everyone has the right to form and to join trade unions for the protection of his interests.

제24조

Everyone has the right to rest and leisure, including reasonable limitation of working hours and periodic holidays with pay.

제25조

1. Everyone has the right to a standard of living adequate for the health and well-being of himself and of his family, including food, clothing, housing and medical care and necessary social

services, and the right to security in the event of unemployment, sickness, disability, widowhood, old age or other lack of livelihood in circumstances beyond his control.

2. Motherhood and childhood are entitled to special care and assistance. All children, whether born in or out of wedlock, shall enjoy the same social protection.

제26조

1. Everyone has the right to education. Education shall be free, at least in the elementary and fundamental stages. Elementary education shall be compulsory. Technical and professional education shall be made generally available and higher education shall be equally accessible to all on the basis of merit.
2. Education shall be directed to the full development of the human personality and to the strengthening of respect for human rights and fundamental freedoms. It shall promote understanding, tolerance and friendship among all nations, racial or religious groups, and shall further the activities of the United Nations for the maintenance of peace.
3. Parents have a prior right to choose the kind of education that shall be given to their children.

제27조

1. Everyone has the right freely to participate in the cultural life of the community, to enjoy the arts and to share in scientific advancement and its benefits.
2. Everyone has the right to the protection of the moral and material interests resulting from any scientific, literary or artistic production of which he is the author.

제28조

Everyone is entitled to a social and international order in which the rights and freedoms set forth in this Declaration can be fully realized.

제29조

1. Everyone has duties to the community in which alone the free and full development of his personality is possible.
2. In the exercise of his rights and freedoms, everyone shall be subject only to such limitations as

are determined by law solely for the purpose of securing due recognition and respect for the rights and freedoms of others and of meeting the just requirements of morality, public order and the general welfare in a democratic society.

3. These rights and freedoms may in no case be exercised contrary to the purposes and principles of the United Nations.

제30조

Nothing in this Declaration may be interpreted as implying for any State, group or person any right to engage in any activity or to perform any act aimed at the destruction of any of the rights and freedoms set forth herein.

[자료10-3]

브레인스토밍 : 인권과 관련된 키워드 찾기

인권과 관련된 키워드 중 가장 중요하다고 생각하는 것 5가지를 찾아 제시하고, 각 항목의 의미를 써보자

1.

2.

3.

4.

5.

[자료 10-4]

세계인권선언 사례 탐구

1. 세계인권선언문의 내용이 잘 지켜지는 예

①

②

③

2. 세계인권선언문의 내용이 잘 지켜지지 않는 예

①

②

③

3. 2번 문항에서 선정된 예들을 개선하려면 어떻게 해야 할까?

①

②

③

[자료10-5]

피쉬본 다이어그램으로 세계인권선언 표현하기

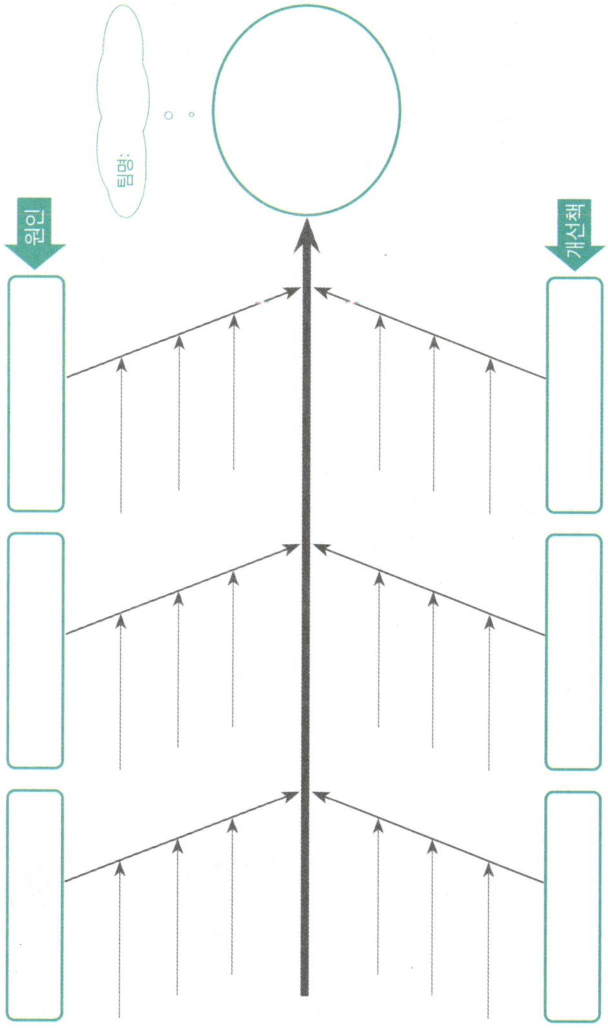

KEIMYUNG
亞洲新聞周刊韓流

Keimyung Global Citizenship Workbook

계명 글로벌 시티즌십 워크북

11

세계시민의 정치적 자유와 난민 문제의 이해

11 세계시민의 정치적 자유와 난민 문제의 이해

1) 수업 목표

- 정치적 · 시민적 자유에 대해 이해한다.
- 전쟁과 난민의 고통을 이해하고 설명할 수 있다.
- 국제협약에 반하는 난민 및 이주민 정책에 대해 설명할 수 있다.

2) 수업 진행 과정

① 도입

- 강의주제, 목표, 내용과 진행과정에 대해 이해한다.
- 세계인권선언문의 내용 중 자유권과 평등권에 대해 살펴본다.

② 전개

- 자유권과 평등권의 침해사례와 난민 문제를 다룬 예시 동영상을 시청한다.
- 개인별로 자유권과 평등권의 침해사례와 난민 문제에 관련된 동영상을 찾아 〈자료 11-1〉을 활용하여 내용을 정리한다.
- 개인별로 완성한〈자료 11-1〉을 사진 촬영하여 교수학습지원시스템의 자유게시판에 올린다.
- 개인별로 정리한 자료 내용을 조별로 발표 및 내용 나누기를 한다.
- 각조에서는 대표로 발표할 동영상의 내용을 2~3분 정도 분량으로 편집하여 발표 준비를 한다.
- 각조에서 발표자를 선정하여 준비된 동영상을 상영하고, 〈자료 11-1〉를 스크린에 띄운 후 준비된 내용을 발표하고, 질문에 답변한다.

③ 수업(활동) 정리 평가 및 마무리

- 주제 내용과 중요성을 다시 한 번 확인하고, 소감 나누기를 한다.
- 다음 시간 활동을 확인한다.

3) 읽기 자료

- '세계인권선언'은 대부분의 국가에서 인정하는 선언이다. 그러나 정치적 · 시민적 자유를 보장한 나라는 지구상에 많지 않다. 즉 현재도 시민의 자유권과 사회적 권리는 잘 지켜지지 않고 있는 것이 현실이다. 특히 반(反)고문협약과 망명자 보호 협약에 대한 위반이 심각한 상황이다.
- 지구촌 여러 지역에서 발발한 내전으로 수백만 명이 도피처를 찾아 헤매는 중이다. 그런데 이들 난민을 공식적으로 받아주는 나라는 없다. 따라서 난민들은 실질적으로 아무런 보호도 받지 못한 채 정부군과 반군의 공격 위협에 그대로 방치되어 있는 것이 현실이다. 또한 수많은 무고한 사람이 전쟁 수행의 도구로 전락되어, 약탈과 끔찍한 고문 등의 조직적 폭압에 노출되어 고통 받고 있다.
- 지구촌 일부지역에서는 여성과 아이들 그리고 시민 단체들이 탄압과 조직적인 범죄의 대상이 되고 있다. 이러한 현상은 선진국도 예외는 아니다. 선진국에서도 인권의 이념이 훼손되고, 국제협약에 반하는 난민 및 이주민 정책이 계속 시행되고 있다. 세계 전역에서 수백만 명이 강제노동에 시달리고, 불법적인 이동노동이 성행하고 있다.

[자료 11-1]

세계인권선언문의 내용 훼손이 담긴 동영상 찾기

팀명 :

선택한 동영상 :

선택한 동영상 주소 :

동영상 선택이유 :

동영상 내용 :

동영상 보고 느낀 점 :

영상의 문제 상황을 어떻게 대처할 것인가?

Keimyung Global Citizenship Workbook

계명 글로벌 시티즌십 워크북

12

다양한 나라 여행, 다양한 나라 문화

12 다양한 나라 여행, 다양한 나라 문화

1) 수업 목표

- 다양한 나라의 문화와 전통, 제도, 관광지, 특산물 등에 대해 이해한다.
- 특정 국가의 특징과 함께 그 나라의 에티켓과 매너를 설명할 수 있다.
- 세계가 가깝게 연결되어 있는 현실을 이해한다.
- 여행 계획서를 구체적으로 작성할 수 있다.
- 낯선 사람, 낯선 문화, 낯선 세상으로 한 걸음 내딛을 수 있다.

2) 수업 진행 과정

① 도입

- 강의주제, 목표, 내용과 진행과정에 대해 이해한다.
- 사람들이 타인 혹은 다른 문화에 얼마나 배타적인 태도를 보여주는지 그 사례를 살펴본다.
- 아울러 그와 같은 배타성이 상당부분 몰이해에 기반 하고 있음을 이해한다.

② 전개

- 다른 나라의 낯선 문화와 전통, 에티켓과 매너에 대한 이해의 필요성을 이해한다.
- 평소 관심을 가졌던 나라 혹은 다녀온 나라의 여행한 지역, 여행하고 싶은 지역, 여행할 만한 지역에 대한 정보를 〈자료 12-1〉에 정리한다.
- 그 나라와 지역을 여행하기 위한 필수 준비물, 여행했을 때의 구체적인 느낌이나 생각, 그 나라의 가장 일반적인 인사법, 그 나라에서 금기시하는 태도와 말과 음식, 그 나라에서 쇼핑하고 싶은 특산품, 그 나라에서 먹고 싶은 음식 등을 구체적으로 찾아 정리한다.
- 각자가 정리한 정보를 팀별로 혹은 전체 학생들에게 발표하고, 또 학우들의 발표를 들으며, 다른 나라와 그 문화를 이해하는 시간을 가진다.

③ 평가 및 마무리

- 자신이 정리한 정보, 혹은 다른 팀원들의 발표에서 얻은 각 나라에 대한 정보를 토대로 〈자료 12-2〉에서 구체적인 자신만의 여행계획서를 작성한다.
- 어느 나라, 어느 지역을 언제, 누구와 함께, 얼마의 여행 경비를 마련해서, 어떤 여행 방법으로, 무슨 목적을 가지고 여행을 할지, 그리고 이 여행을 위해 무엇을 준비할지 계획한다. 단 반드시 가까운 시기, 곧 대학 졸업 이전의 구체적인 날짜를 정한다.
- 각자가 정리한 계획을 팀별로 혹은 전체 학생들에게 발표하는 시간을 가지며, 다른 학생들은 어떻게 계획서를 작성했는지를 이해하고, 배울 점은 배워 자신의 계획서에 반영하여 완성도를 높인다.
- 자연스럽게 정보를 정리하고 검색하는 과정을 통해 다양한 나라와 그 문화에 대해 이해한다.

3) 읽기 자료

- 사람이 가진 타인 혹은 다른 문화를 향한 배타성은 깊은 뿌리를 가지고 있다. 여러 인종과 다양한 문화를 배경으로 가진 사람들이 갈등과 오해를 최소화하고 서로 조화를 이루며 살아가기 위해서는 문화의 다양성을 이해하고 인정하는 태도가 중요하다.
- 모든 문화는 고유한 가치를 가지고 있으며, 다른 문화의 가치를 인정하고 존중할 때, 문화적 다양성 속에서 조화로운 삶이 보장된다.
- 단순히 다르다는 이유로 누군가 혹은 특정 문화를 차별한다면, 우리 자신과 우리의 문화도 존중받을 수 없게 된다.
- 관용과 존중의 자세로 다른 문화를 이해하고 받아들일 때 모두가 차별 없이 더불어 살 수 있는 토대가 만들어 질 수 있다.
- 관용과 존중은 문화적 차이에 대한 이해와 관심에서 시작되며, 이해할 때 존중할 수 있고, 존중할 때 비로소 차별 없고 서로 배려하며, 공감할 수 있게 된다.

[자료 12-1]

다른 나라 이해하기 (여행을 다녀온 혹은 다녀오고 싶은 나라)

1. 나라이름	
2. 위치	
3. 면적	
4. 인구	
5. 기후	
6. 종교	
7. 전통문화	① ② ③ ④
8. 특이한 제도 (정치, 경제, 사회, 군사, 교육 등에서)	
9. 주요 관광지역	① ② ③ ④
10. 일반적인 인사법	
11. 금기하는 태도, 음식, 말	
12. 쇼핑	① ② ③ ④
13. 음식	① ② ③ ④
14. 필수 준비물	① ② ③ ④ ⑤ ⑥

[자료 12-2]

여행계획서

<table>
<tr><th>항 목</th><th colspan="2">내 용</th></tr>
<tr><td>1. 여행국</td><td colspan="2"></td></tr>
<tr><td rowspan="2">2. 여행기간</td><td colspan="2">20 년 월 일부터 20 년 월 일까지(박 일)</td></tr>
<tr><td colspan="2">출국일시 : 귀국일시 :</td></tr>
<tr><td>3. 여행목적</td><td colspan="2">①
②
③</td></tr>
<tr><td>4. 여행방법</td><td colspan="2">①
②
③</td></tr>
<tr><td rowspan="2">5. 여행경비</td><td>필요 경비</td><td>총 원</td></tr>
<tr><td>경비 마련 방법</td><td>①
②
③
④</td></tr>
<tr><td>6. 여행동반자</td><td colspan="2"></td></tr>
<tr><td>7. 주요 여행 코스 및 일정</td><td colspan="2">① 출발 →
②
③
④
⑤
⑥ → 도착</td></tr>
<tr><td>8. 준비물</td><td colspan="2">①
②
③
④
⑤
⑥</td></tr>
</table>

Keimyung Global Citizenship Workbook

계명 글로벌 시티즌십 워크북

13

글로벌 친구 맺기

13 글로벌 친구 맺기

1) 수업 목표

- 계명대 유학 중인 학생들에게 관심을 기울인다.
- 외국인 학생과 공존함을 인식한다.
- 외국인들에게로 관심과 배려를 확장해서 실천할 수 있다.

2) 수업 진행 과정

① 도입

- '강의주제, 목표, 내용과 진행과정'을 이해한다.
- 계명대학교에 유학 중인 외국 유학생들의 현황을 알아본다.

② 전개

- 외국 유학생의 자기소개 및 자기 나라 소개를 듣는다.
- 외국 유학생과 한국 생활, 계명대에 대한 경험을 나눈다.
- 〈자료 13-2〉를 작성하면서 궁금한 점을 메모한 후, 질문하고 답변을 듣는다.
(〈자료 13-3〉을 참고해서 질문할 사항을 참고한다.)
- 외국 유학생도 학생들에게 질문하고 답변을 듣는다.
- 함께한 외국 유학생과 전체 또는 조별로 사진을 찍는다.
- 외국 유학생에게 해 주고 싶은 말, 함께 한 시간에 대한 소감 등을 적어서 전해 준다.

③ 평가 및 마무리

- '글로벌 친구 맺기'에 대한 소감을 나눈다.
- 강의와 관련하여 궁금하거나 알고 싶은 내용에 대해 질의 응답한다.

3) 읽기 자료

- 지구촌이란 문명의 발달로 온 인류가 서로 쉽게 왕래하고 통신할 수 있는 세상이라는 뜻에서 나온 말로, 지구를 한마을처럼 생각하여 쓰는 말이다. 그리고 글로벌화란 '세계적인 것으로 되다, 세계적인 것으로 만들다'라는 의미이다. 현대 사회는 다양한 기술의 발달로 물리적인 거리도 상당히 좁혀졌고 시간과 돈만 있으면 여행을 통해 다른 나라를 경험할 기회도 대폭 확대되었다. 또한 인터넷의 발달로 거의 실시간으로 다른 나라에서 일어나고 있는 일들을 쉽게 접할 수 있게 되었다.
- 다른 나라, 다른 문화의 친구와의 만남에서는 알지 못함의 자세가 필요하다. '이럴 것이다. 이러면 안 돼지' 등과 같이 규정이나 고정관념을 가지고 바라보고 탐색하는 것이 아니라 알지 못한나는 태도에서 시작하는 것이 중요하다. 즉 너무 성형화되거나 특정 답을 요구하는 질문보다는 호기심이나 그 나라에 대해 그리고 그 나라의 문화에 대해 더 알고 싶은, 호기심에 찬 질문으로 탐색하는 것을 말한다. 달리 말하면 알지 못함의 자세는 '낮은 자세, 겸손한 자세, 배우려는 자세'라고 할 수도 있다.

[자료 13-1]

계명대학교 유학생 현황 (2025년 1월 2일 기준)

국적	계 (D=A+B+C)	학위과정(대학)						공동운영 (B)	연수과정				
		소계(A)	인문사회	자연과학	공학	의학	예체능		소계(C)	어학연수생	교환학생	방문학생	기타연수생
기니	1	0	0	0	0	0	0	0	1	0	1	0	0
네덜란드	1	0	0	0	0	0	0	0	1	0	1	0	0
네팔	3	1	0	0	1	0	0	0	2	2	0	0	0
대만	10	0	0	0	0	0	0	0	10	0	10	0	0
독일	6	0	0	0	0	0	0	0	6	0	6	0	0
라오스	2	2	0	0	2	0	0	0	0	0	0	0	0
러시아	14	5	2	0	0	0	3	0	9	2	7	0	0
레위니옹	2	0	0	0	0	0	0	0	2	0	2	0	0
말레이시아	3	0	0	0	0	0	0	0	3	3	0	0	0
멕시코	6	0	0	0	0	0	0	0	6	1	5	0	0
모로코	2	1	1	0	0	0	0	0	1	1	0	0	0
몽골	137	64	34	2	20	0	8	0	73	73	0	0	0
미국	9	2	2	0	0	0	0	0	7	0	7	0	0
미얀마	128	89	71	4	9	0	5	0	39	39	0	0	0
방글라데시	3	2	1	1	0	0	0	0	1	1	0	0	0
베트남	1,208	557	478	3	72	0	4	0	651	647	4	0	0
벨라루스	1	0	0	0	0	0	0	0	1	1	0	0	0
스리랑카	7	6	2	2	2	0	0	0	1	1	0	0	0
스웨덴	1	0	0	0	0	0	0	0	1	0	1	0	0
스위스	1	0	0	0	0	0	0	0	1	0	1	0	0
스페인	4	0	0	0	0	0	0	0	4	0	4	0	0
시리아	1	1	0	0	1	0	0	0	0	0	0	0	0
아르헨티나	1	0	0	0	0	0	0	0	1	1	0	0	0
아일랜드	1	0	0	0	0	0	0	0	1	1	0	0	0

알바니아	1	0	0	0	0	0	0	0	1	1	0	0	0
앙골라	1	0	0	0	0	0	0	0	1	1	0	0	0
에티오피아	2	1	0	1	0	0	0	0	1	1	0	0	0
영국	1	0	0	0	0	0	0	0	1	0	1	0	0
오스트리아	1	0	0	0	0	0	0	0	1	1	0	0	0
우즈베키스탄	40	36	27	0	5	0	4	0	4	2	2	0	0
우크라이나	6	2	1	0	0	0	1	0	4	0	4	0	0
이란	1	0	0	0	0	0	0	0	1	1	0	0	0
인도	5	3	1	0	0	0	2	0	2	2	0	0	0
인도네시아	19	3	1	2	0	0	0	0	16	8	8	0	0
일본	38	10	9	0	0	0	1	0	28	5	23	0	0
조지아	2	0	0	0	0	0	0	0	2	2	0	0	0
중국	374	317	180	3	35	0	99	0	57	36	21	0	0
카메룬	1	0	0	0	0	0	0	0	1	0	1	0	0
카자흐스탄	2	1	0	0	0	0	1	0	1	1	0	0	0
캄보디아	3	2	2	0	0	0	0	0	1	1	0	0	0
캐나다	3	1	1	0	0	0	0	0	2	1	1	0	0
케냐	1	1	1	0	0	0	0	0	0	0	0	0	0
크로아티아	1	0	0	0	0	0	0	0	1	0	1	0	0
키르기스스탄	5	4	3	0	1	0	0	0	1	1	0	0	0
타이(태국)	2	0	0	0	0	0	0	0	2	1	1	0	0
타지키스탄	6	3	2	0	1	0	0	0	3	3	0	0	0
투르크메니스탄	1	0	0	0	0	0	0	0	1	1	0	0	0
튀르키예	2	0	0	0	0	0	0	0	2	0	2	0	0
트리니다드토바고	1	0	0	0	0	0	0	0	1	1	0	0	0
파키스탄	4	4	4	0	0	0	0	0	0	0	0	0	0
프랑스	67	0	0	0	0	0	0	0	67	0	67	0	0
핀란드	3	0	0	0	0	0	0	0	3	0	3	0	0
필리핀	6	0	0	0	0	0	0	0	6	2	4	0	0
헝가리	2	0	0	0	0	0	0	0	2	1	1	0	0
홍콩	1	0	0	0	0	0	0	0	1	0	1	0	0
합계	2,154	1,118	823	18	149	0	128	0	1,036	846	190	0	0

[자료 13-2]

외국인 친구를 소개합니다

이름	
학과	
학년	
나라	
특징 (인사말, 기후, 종교, 문화 등)	
궁금한 점 (더 알고 싶은 점)	

[자료 13-3]

외국인 친구에게 질문할 목록 예

	예상 질문
1	많은 나라 중에서 한국어를 공부하게 된 이유가 있나요 ?
2	한국에 대한 이미지는 어떤가요 ?
3	대구에 대한 이미지는 어떤가요 ?
4	계명대에 대한 이미지는 어떤가요 ?
5	좋아하는 한국 음식이 있나요 ?
6	좋아하는 한국 연예인이 있나요 ?
7	졸업 후에는 어떻게 할 예정인기요 ? 한국에 남을 건기요 ? 00 에 돌이기서는 어떻게 할 생각인가요 ?
8	한국에 유학 와서 적응하기 힘들었던 점이 있나요 ?
9	한국에 유학 와서 좋았던 점이 있나요 ?
10	한국어를 공부하면서 힘든 점이 있나요 ?
11	한국 가요 중에 좋아하는 것은?
12	한국 여행을 해 본 적이 있나요 ?
13	수업이 없을 때 (공강 시간)는 무엇을 하나요 ?
14	한국에 왔을 때 한국문화에서 다른 점이 있었나요 ?
15	여자 친구 , 남자 친구가 있나요 ?
16	00 에도 한국처럼 대학에 들어가기가 힘든가요 ?
17	사교육은 어떤가요?
18	20대에 가장 인기가 있는 직업이 무엇인가 ?
19	한국인이 00 에 간다면 추천해주고 싶은 여행지는 ?
20	외국인으로 바라보는 한국을 어떻게 평가하는지 (긍정적 , 부정적) 궁금합니다.
21	한국에 오면 가장 먼저 해 보고 싶었던 것이 있나요 ?
22	00나라로 여행갈 때 좋은 팁이 있나요 ?
23	00나라 하면 제일 먼저 떠오르는 이미지 또는 생각이 있나요 ?
24	00나라에 놀러 가면 꼭 해 봐야 하는 것은 무엇인가요?
25	한국이외에 다녀온 나라는?

[자료 13-4]

함께 해 준 외국인 친구와 한 컷 그리고 해 주고 싶은 한마디

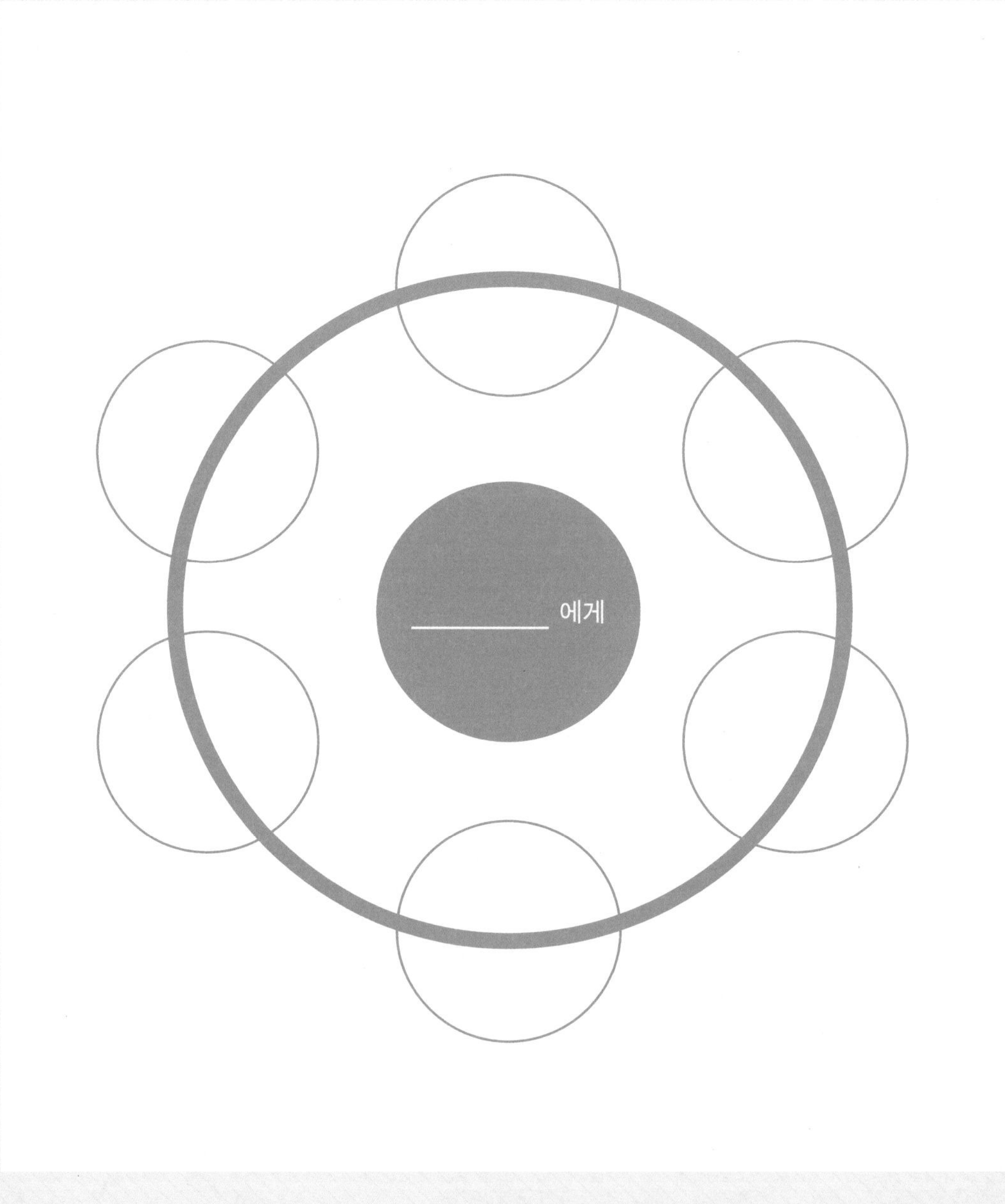

Keimyung Global Citizenship Workbook

계명 글로벌 시티즌십 워크북

14

우리 학교 외국인 동문 인터뷰하기

14 우리 학교 외국인 동문 인터뷰하기

1) 수업 목표

- 우리가 가진 외국인에 대한 편견과 선입견을 성찰한다.
- 우리 대학에 유학 중인 외국 학생 역시 같은 동문이라는 점을 이해한다.
- 외국인 동문에 대한 인터뷰를 통해 해당 국가와 그 문화를 이해한다.
- 외국인 동문에 대한 인터뷰를 통해 외국 유학생의 한국생활을 이해한다.
- 외국인 친구가 있을 때, 우리 자신의 삶이 변화할 수 있다는 점을 이해한다.

2) 수업 진행 과정

① 도입

- 강의주제, 목표, 내용과 진행과정에 대해 이해한다.
- 외국인에 대한 편견과 선입견에 사로잡혀, 평소 함께 수업을 듣는 계명대에 유학 중인 외국인 학생이나 한국에 유학 중인 학생에 대해 우리가 얼마나 배타적인 태도를 보여주는지 사례를 통해 이해한다.
- 이와 같은 편견이나 배타적인 태도는 상대에 대한 깊은 이해를 통해 극복할 수 있다는 점을 이해한다.
- 한 걸음 더 가까이 다가가 함께 대화하고, 이야기를 나누다보면, 겉으로 드러나는 차이와 함께 모두가 똑같은 사람이자 동문이라는 사실을 이해하게 된다.

② 전개

- 먼저 〈자료 14-1〉 '인터뷰지'의 비어있는 다섯 개의 질문을 각 조별로 만든다.
- 각 조에서 만드는 질문들은 대학생 수준에 적절한 것이어야 하며, 상대를 곤란하게 만들거나 무례한 질문이 되지 않도록 배려한다.
- 각 팀에서 5개의 질문이 완성되면, 팀별로 어떤 질문을 만들었는지를 발표하고, 앞에 제시된 10개의 질문과 중복되지는 않는지, 지나치게 단순하거나 유치한 질문은 아닌지를 검증해서 수정할 기회를 가진다.
- 조별로 만든 질문을 포함해 이름, 국적과 출신지, 자기 나라에 대한 설명, 한국의 첫인상, 현재 공부하는 분야, 유학생활은 어떤지, 한국생활에서의 아쉬운 점, 한국생활에서의 좋은 점, 가장 큰 문화적 차이, 인증사진 찍기 등 15개의 질문으로 인터네셔널 라운지, 교내카페 등에서 외국 유학생을 인터뷰하여 인터뷰지를 완성한다.

③ **평가 및 마무리**

- 인터뷰를 마친 팀은 다시 교실로 돌아와 먼저 조별로 인터뷰한 내용을 발표할 수 있도록 정리한다.
- 모든 팀이 돌아오고 인터뷰한 내용이 정리되면, 순서대로 인터뷰한 내용을 발표하고, 다른 조의 인터뷰 내용을 듣는 과정을 통해 유학생의 생활이나 생각 등을 이해할 기회를 가진다.
- 자연스럽게 외국 유학생을 만나 인터뷰를 진행하고 그 내용을 정리하는 과정을 통해 각 나라와 그 문화에 대해 이해할 뿐만 아니라, 외국인에 대한 편견과 선입견을 극복한다.
- 마지막으로 인터뷰를 통해 느낀 점을 정리한 후, 서로 발표하는 시간을 가진다.

3) 읽기 자료

- 경제적인 상호 의존과 교통이나 정보 통신의 발달은 세계화를 필연적으로 요청하며, 우리 삶은 전 지구로 확대되고 있다.
- 이런 상황에서 모든 사람은 잠재적 외국인이며, 한국인이지만 한국을 벗어나 외국을 가는 순간, 소수자인 외국인이 된다.
- 외국인이 되었을 때, 자신이 만약 차별받는 것이 부당하다고 생각된다면, 현재 우리 주변의 외국인에 대해 차별하고 있는 것은 아닌지 자신의 태도를 돌아볼 필요가 있다.
- 현실적으로 외국인과 외국문화에 대한 편견은 여전히 깊은 뿌리를 가지며 영향력을 행사하는데, 외국인과 외국문화에 대한 오해와 편견은 다문화 사회에서 깊은 갈등의 원인이 된다.
- 세계시민으로 성장하고, 다문화 사회 안에서 우리의 갈등을 최소화하기 위해 다양한 문화에 대한 이해가 반드시 필요하다.
- 다른 한편으로 다양한 문화에 대한 이해는 풍부한 문화적 경험과 이해를 바탕으로 새로운 문화를 낳는 동력으로 작용하며 사회적 진보를 이끈다.

[자료 14-1]

인터뷰지

제 조 조원 이름( )	
1. 이름	
2. 국적 및 출신지역	
3. 자기 나라와 출신지역에 대한 설명	
4. 한국의 첫인상	
5. 현재 공부하는 분야와 그것을 선택한 이유	
6. 한국 유학생활에 대한 느낌	
7. 한국생활에서의 아쉬운 점	
8. 한국생활에서의 좋은 점	
9. 가장 큰 문화적 차이	
10. 인증사진 찍기	
11.	
12.	
13.	
14.	
15.	

* 좋다 혹은 나쁘다 등과 같은 단답형이 아닌, 좋으면 왜 좋은지 구체적인 설명을 듣는 인터뷰를 진행합니다.

[자료 14-2]

이 활동에서 느낀 점을 정리해 보자.

WELCOME TO
KMU

Keimyung Global Citizenship Workbook

계명 글로벌 시티즌십 워크북

15

글로벌 이슈의 대안 찾기

15 글로벌 이슈의 대안 찾기

1) 수업 목표

- 세계화(Globalization)의 의미를 이해한다.
- 세계화의 결과에 대한 여러 관점을 이해하고, 설명한다.
- 문화의 생산, 분배, 소비의 지구적 체제에 대해 이해한다.

2) 수업 진행 과정

① 도입

- 강의주제, 목표, 내용과 진행과정에 대해 이해한다.
- 세계화의 개념과 내용에 대해 간략하게 정리한다.

② 전개

- 글로벌 이슈의 내용과 범위에 대해 조사한다.
- 개인별로 자신이 탐구할 글로벌 이슈를 정한다. 이때 조원들은 선택한 글로벌 이슈가 중복되지 않도록 한다.
  ⓐ 세계화의 도전과 폐해
  ⓑ 글로벌 사회에서의 주도권 투쟁
  ⓒ 글로벌 테러리즘
  ⓓ 전쟁과 대량살상무기 확산
  ⓔ 글로벌 불평등과 빈곤
  ⓕ 환경문제
  ⓖ 인구와 이주
  ⓗ 글로벌 범죄
  ⓘ 질병의 세계화
  ⓙ 문화적 충돌과 갈등해소
- 개인별로 〈자료 15-1〉를 활용하여 조에서 선택한 글로벌 이슈에 대해 브레인스토밍 한다.
- 개인별로 정리한 자료 내용을 조별로 발표 및 내용 나누기를 한다.

- 개인별로 〈자료 15-2〉를 활용하여 자신의 조에서 선택한 글로벌 이슈의 내용과 해결 방안을 마인드맵으로 정리하고, 사진 촬영하여 교수학습지원시스템의 자유 게시판에 올린다.
- 개인별로 완성한 〈자료 15-2〉의 마인드맵을 조별로 발표 및 나누기를 한다.
- 각조에서 발표자를 선정하여 발표자가 작성한 〈자료 15-2〉을 스크린에 띠우고 준비된 내용을 발표하고, 질문에 답변한다.

③ 평가 및 마무리

- 글로벌 이슈에 대한 바른 인식의 중요성을 다시 한 번 되짚어 보고, 소감 나누기를 한다.
- 다음 시간 활동을 확인한다.

3) 읽기 자료

- 세계화(Globalization)란 현대 사회생활이 새롭게 재구성됨으로써 세계사회가 독자적인 차원을 획득하는 과정을 뜻하는 것이다. 이것은 양적 교류의 확대를 넘어서는 차원의 진행이다. 이러한 세계화 시대에는 교역·투자·통신 등이 확대되어 국가 간 상호의존이 증대한다. 또한 전 지구적으로 다자간의 협의 · 조정 · 협력 등이 강화된다.
- 이러한 세계화의 결과에 대해 낙관론과 비관론이 공존한다. 낙관론에 따르면 세계화는 많은 국가들이 상호교역에서 비교우위를 가지게 됨으로써 세계사회의 번영을 가져온다. 그러나 비관론들은 현재 진행 중인 세계화가 초국적 자본에 의한 세계경제의 지배와 그에 따른 지구적 수준에서의 불평등을 강화시킬 뿐이라고 주장한다. 이 둘과 다른 길을 가는 절충론에 따르면 세계화는 지구적 불평등을 강화시키는 위기인 동시에 경제·문화적 삶을 향상시킬 수 있는 새로운 기회이다.
- 현재 초국적 조직 및 제도의 등장이 세계화의 한 축을 이루고 있다. 양차대전 후 기존의 국민국가 틀 내에서는 해결하지 못하는 문제들을 담당하기 위해 결성된 초국적 조직들은 그 규모와 중요성을 증대시켜 왔다. 국제연합(UN), 관세 및 무역에 관한 일반협정(GATT), 국제통화기금(IMF) 등과 같은 정부 간 조직이 대표적인 예이다. 그리고 국제사면위원회(Amnesty International), 그린피스(Green Peace), 국경없는 의사회(Doctors Without Borders) 등과 같은 비정부기구의 비중도 커지고 있다.
- 신자유주의 경쟁구도 속에서 거대자본을 내세운 문화산업은 익명화를 등에 업고 획일화된 문화제품을 공급하며 지배를 강화하고 있다. 즉 문화의 생산, 분배, 소비의 지구적 체제는 현대적인 문화 및 생활양식을 지구적으로 확산시키는 역할을 수행하는 동시에, 약소국에 대한 선진국의 문화적 지배를 심화시키는 약점을 노출시킨다.

[자료 15-1]

글로벌 이슈의 이해와 해결을 탐구하는 브레인스토밍

팀명 : 　　　　　　　　　　　　작성자 이름 :

선택한 글로벌 이슈 :

브레인스토밍

[자료 15-2]

글로벌 이슈 마인드맵으로 표현하기

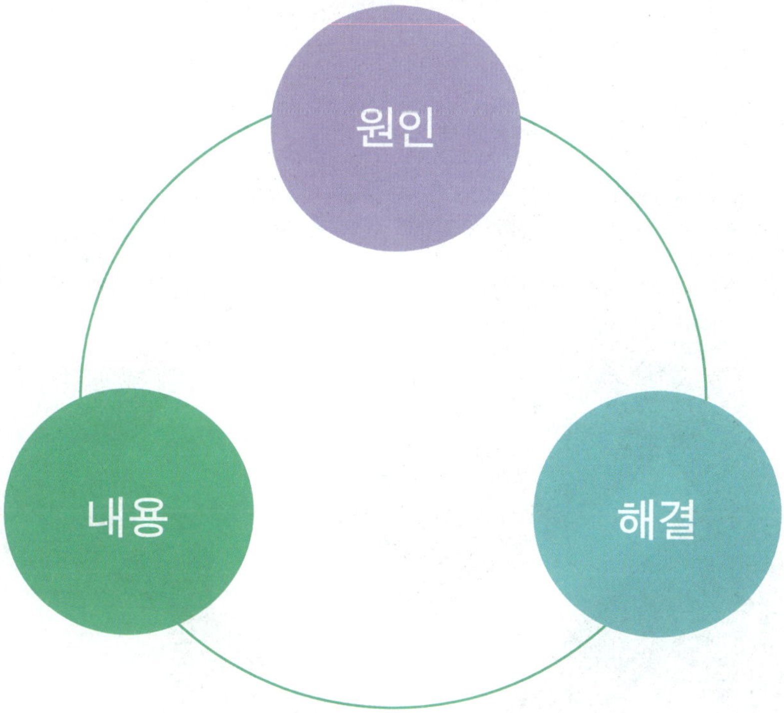

PPY st. PATRICKS DA
The Wiley Accounting
Team for Success
Kieso
Weygandt
Kimmel
Warfield
WILEY
nly Use

Keimyung Global Citizenship Workbook

계명 글로벌 시티즌십 워크북

16

타인의 보물찾기

16 타인의 보물찾기

1) 수업 목표

- '긍정적 피드백 개념, 필요성과 가치, 원리와 방법'을 기술할 수 있다.
- '구성원의 장점'을 기술할 수 있다.
- '대인 신뢰감'이 증가한다.

2) 수업 진행 과정

① 도입

- '15주차 강의주제, 목표, 내용과 진행과정'에 대해 인식한다.
- 8명으로 구성된 4-5개의 조를 편성한다.
- 조장을 선출한다.

② 긍정적 피드백

- '긍정적 피드백 개념, 필요성과 가치, 원리와 방법'에 대해 학습한다.
- 백지를 8등분(8개의 메모지) 한다.
- 조별로 1인이 '수강에서 얻은 것과 소감'을 발표한다. 나머지 구성원들은 1개의 메모지에 '발표한 구성원에 대해 긍정적 피드백 5가지'를 2분 동안 글로 쓴다.
- 글쓰기가 끝나면, 발표한 구성원에게 긍정적 피드백을 쓴 메모지를 전달한다. 그리고 이상의 순서를 반복한다.
- 모든 구성원들이 발표와 피드백 받기가 끝나면, 모두 자신이 받은 메모에 쓰여 있는 긍정적 피드백 내용을 읽는다.

③ 평가 및 마무리

- 조별로 긍정적 피드백 활동 경험에 대한 소감 나누기를 한다.
- 긍정적 피드백 활동에 대한 질의응답을 한다.
- 다음 시간 활동을 확인한다.

3) 읽기 자료

- 인간은 사회적 동물이다. 인간은 사회 속에서 살아가면서 사람들과 상호작용을 하고, 이를 통해 서로 영향을 주고받는다. 대인관계 학습에서는 특정 개인의 행동이 다른 특정 개인의 행동에 미친 영향을 인식하고, 이를 대인관계 장면에서 서로 솔직하게 주고받게 함으로써 각 개인들이 자기행동에 대한 이해, 그리고 자기행동에 대한 점검 및 개선을 해 나가도록 촉진한다. 이를 피드백이라고 하는데, 구체적으로 피드백이란 특정 개인의 행동이 나에게 미친 영향에 대한 정보를 그 개인에게 알려 주는 행위이다. 즉, 특정 개인에 대한 나의 지각, 기억, 상상, 감정, 사고, 욕구, 선택, 언어표현, 행동수행 등을 솔직하게 알려 줌으로서 그 개인이 자신의 행동이 나에게 미친 영향을 인식하고, 자신의 행동을 점검 및 개선해 나갈 수 있도록 조력하는 행위이다.
- 피드백은 긍정적 피드백(positive feedback)과 부정적 피드백(negative feedback)으로 나눌 수 있다. 먼저 긍정적 피드백(positive feedback)이란 행동의 긍정적 결과에 대한 정보를 알려는 행위이다. 반면 부정적 피드백(negative feedback)이란 행동의 부정적 결과에 대한 정보를 알려는 행위이다. 일반적으로 인간은 긍정적 피드백을 받으면 개방적이 되어 학습과 성장을 해 나가려 한다. 반면 부정적 피드백을 받으면 학습과 성장을 해 나가기보다는 방어적이 되어 자신을 보호하면서 적응을 해 나가려 한다. 우리에게는 긍정적 피드백과 부정적 피드백이 모두 필요하다. 그런데 개인과 사회는 보통 성장보다는 적응을 우선하려는 경향이 있기 때문에, 대체로 부정적 피드백은 서로 많이 주고받지만 긍정적 피드백은 필요한 것보다 더 적게 주고받는다. 이 때문에 우리 생활 속에서 긍정적 피드백을 더 증가시켜 나갈 필요가 있다. 우리는 긍정적 피드백 나누기 활동을 통해 인성과 관련된 덕목인 소통, 협력, 신뢰 등을 성찰하고, 이와 관련된 역량들을 기를 수 있다.

[자료 16-1]

피드백

피드백(feedback)

진행된 행동이나 반응의 결과를 본인에게 알려 주는 일(국립국어원, 2019)

피드백 종류

긍정적 피드백(positive feedback)
부정적 피드백(negative feedback)

긍정적 피드백(positive feedback)

개념 : 행동의 긍정적 결과에 대한 정보를 알려는 일
기능 : 개방적이 되어 학습과 성장을 하도록 함

부정적 피드백(negative feedback)

개념 : 행동의 부정적 결과에 대한 정보를 알려는 일
기능 : 방어적이 되어 자신을 보호하도록 함

Keimyung Global Citizenship Workbook

계명 글로벌 시티즌십 워크북

17

소감문 쓰기

17 소감문 쓰기

1) 수업 목표

- 한 학기 동안의 과정을 통해 성장하고 발전한 나를 표현할 수 있다.
- 세계시민으로서 자신의 역할을 인식할 수 있다.

2) 수업 진행 과정

① 도입

- '강의주제, 목표, 내용과 진행과정'에 대해 이해한다.
- '그걸 바꿔봐(지식채널 e, 2008. 9. 28)' 영상을 시청한다.

② 전개

- 한 학기 동안 글로벌시티즌십에서 다루었던 주제에 대해 간략하게 살펴본다.
- 성장하고 발전한 점에 초점을 두고, 앞으로 대학생활에 변화를 주고 싶은 점에 초점을 두어 소감을 작성한다.
- 각자 〈자료 17-2〉를 활용해 소감을 작성하고 사진을 찍어서 과제방에 올리거나 과제방에 바로 소감을 작성한다.
- 각자의 소감을 발표하고 공유한다.

③ 평가 및 마무리

- 글로벌시티즌십에 대한 전체적인 소감을 나눈다.
- 강의와 관련하여 궁금하거나 알고 싶은 내용에 대해 질의 응답한다.

3) 읽기 자료

- 피드백은 살아가는데 있어서 필수불가결하고 피드백의 목적은 현재 나타난 결과보다 더 좋은 결과를 얻기 위함이다. 또한 잘한 것은 더 잘하도록 칭찬을 하고, 못한 것은 개선하도록 조언하는 것이다.
- 피드백(Feedback)은 과거의 시점에서 보는 것으로 무엇을 했는지를 돌아보게 해 준다. 반면에 피드포워드(feedforward)는 미래의 시점에서 보는 것으로 무엇을 성취할지를 살피고 긍정적인 미래를 제시하게 해 준다. 미래에 잘할 것을 조언하고 안내함으로써 상대방을 움직이게 하고, 성장할 가능성을 열어준다(김민성, 2019).

[자료 17-1]

글로벌시티즌십 장별 주제

장	주제
1	오리엔테이션
2	나 이런 사람이야
3	나를 찾아서
4	나의 비전을 펼쳐라
5	도전을 통해 성장하라
6	내 손을 잡아봐
7	진실의 길, 나 전달법
8	소통의 길, 공감
9	글로벌 역지사지
10	세계인권선언문 새겨 읽기
11	세계시민의 정치적 자유와 난민 문제의 이해
12	다양한 나라 여행, 다양한 나라 문화
13	글로벌 친구 맺기
14	우리 학교 외국인 동문 인터뷰하기
15	글로벌 이슈의 대안 찾기
16	타인의 보물찾기
17	소감문 쓰기

[자료 17-2]

소감 작성하기

〈 작성 시 주의사항 〉

· 한 학기 동안 글로벌시티즌십 교과를 통해 성장하고 발전한 점을 생각해 보고 작성하기
· 앞으로 남은 대학생활에 변화를 주고 싶은 점을 생각하며 작성하기

[참고문헌]

계명대학교 (2019). 대학생을 위한 글로벌시티즌십. 계명대학교출판부.

고기홍 (2019). 대학 인성교육에서 근거기반 실천. 2019학년도 인문과학연구소 추계학술대회 발표자료집.

고기홍, 김재현, 김춘이, 조명실 (2018). 글로벌시티즌십 만족도 조사 및 표준강의안 수정 제안. 계명대학교 정책연구.

구자경 (2006). 대학의 교양강좌를 이용한 공감교육 프로그램이 의사소통 및 인간관계와 치료적 요인 지각에 미치는 효과. 상담학연구, 7(10), 11-26.

국립국어원 (2019). 표준국어대사전. 국립국어원. (https://stdict.korean.go.kr/main/main.do)

권석정, 이상원 (2019). 사례기반학습을 활용한 초등 실과 생명과학교육 방안 연구. 실과교육연구, 25(2).

그걸 바꿔봐 (지식채널 e : 461화 2008년 9월 29일 방송)

김병국, 이용민, 송민영, 최현수 (2017). 학생 역량 제고를 위한 CLD 교육방법의 발. 한국사상문화학회, 86.

김희경 (2013). 창의인성교육의 실현을 위한 평가방법개선 종합방안. 한국교육과정평가원.

고려대한국어대사전 (2019). (https://ko.dict.naver.com/#/entry/koko/583f6c97cb0540f6b76f5394eb9d4397)

마중물가치연구소 (2008). 가치성장카드. 마중물가치연구소.

박아청 (2010). 에릭슨의 인간 이해. 교육과학사.

김민성, 박승원의 1분 독서 - 피드백 아닌 피드포워드하자, 미래한국, 2019. 10. 24. (http://www.futurekorea.co.kr/news/articleView.html?idxno=122157)

이노미 (2015). KBS 〈이웃집 찰스〉에 나타난 국내거주 외국인의 문화 간 커뮤니케이션 갈등 사례 연구. 13(5), 135-150.

인성교육진흥법(2015). 인성교육 진흥법 제2조 (https://www.lawnb.com/Info/ContentView?sid=L000012237_2)

임규혁, 임웅 (2017). 교육심리학의 이해. 학지사.

정해숙 (2014). 청소년 다문화감수성 증진 프로그램의 효과성 검증을 위한 도구 개발. 한국여성정책연구원.

조영재, 박수홍 (2019). 대학에서의 플립러닝 기반 액션러닝 수행지원체제 모형 개발. 학습자중심교과교육연구, 19(19).

지순정 (2017). 블랜디드 러닝과 전통 영어 학습에서 심리 유형과 동기유형간 상관 관계 비교연구. 언어과학연구, 83, 401-429.

장애인먼저실천운동본부(2013). 아름다운소통 공공기관편.

[참고문헌]

[인터넷 자료]

국립국어원 (2019). 표준국어대사전. 국립국어원. (https://stdict.korean.go.kr/main/main.do)

고려대한국어대사전 (2019). (https://ko.dict.naver.com/#/entry/koko/583f6c97cb0540f6b76f5394eb9d4397)

김민성, 박승원의 1분 독서 - 피드백 아닌 피드포워드하자, 미래한국, 2019. 10. 24. (http://www.futurekorea.co.kr/news/articleView.html?idxno=122157)

인성교육진흥법(2015). 인성교육 진흥법 제2조 (https://www.lawnb.com/Info/ContentView?sid=L000012237_2)

개정판 대학생을 위한 글로벌 시티즌십 WorkBook

집필진 소개

고기홍 (Tabula Rasa College)
-
권의섭 (Tabula Rasa College)
-
김기주 (Tabula Rasa College)
-
김형찬 (Tabula Rasa College)
-
우채영 (Tabula Rasa College)
-
조명실 (Tabula Rasa College)

개정판 대학생을 위한 **글로벌 시티즌십** WorkBook

초판1쇄 발행 2016년 2월 16일
개정판1쇄 발행 2020년 2월 11일
개정판7쇄 발행 2026년 1월 27일

지 은 이 글로벌시티즌십 교재편찬위원회 편
펴 낸 이 신 일 희
펴 낸 곳 계명대학교출판부
출판등록 제347-1998-1호(1970. 9. 1.)
주 소 대구광역시 달서구 달구벌대로 1095
대표전화 053-580-6233
팩 스 053-580-6235
홈페이지 www.kmupress.com

ISBN 979-11-6516-033-3 03320 정가 5,000원

이 도서의 국립중앙도서관 출판시도서목록(CIP)은 서지정보유통지원시스템 홈페이지(http://seoji.nl.go.kr)와
국가자료공동목록시스템(http://www.nl.go.kr/kolisnet)에서 이용하실 수 있습니다.(CIP제어번호 : CIP2020003722)